경호현장 물리력 대응술

(Bodyguard Field Physical Force Response Techniques)

김한진 · 강경수 · 최종균 공저

도서출판 진영사

경호현장 물리력 대응술

(Bodyguard Field Physical Force Response Techniques)

김한진 · 강경수 · 최종균 공저

2025년 8월 07일 초판 인쇄
2025년 8월 12일 초판 발행

발행인 박 진 영
발행처 도서출판 진영사
인천광역시 부평구 주부토로 236번지 인천테크노밸리 U1 지식산업센터 B동 1507호
전화 : 032)505-4207
팩스 : 032)505-4206
E-mail : 0183734207@hanmail.net
신고번호 : 제2007-000001호

ISBN 978-89-6541-728-6 93350
값 12,000원

머 리 말

2025년, 우리는 그 어느 때보다도 빠르게 변화하는 사회 속에서 살고 있습니다. 기술의 발달은 경호의 영역에도 많은 영향을 주었고, 정보의 확산은 경호 인력의 판단과 대응에 있어 더욱 신속하고 정밀한 결정을 요구하고 있습니다.

그러나 이러한 흐름 속에서도 인간의 직접적인 물리적 개입이 필요한 상황은 여전히 존재하며, 오히려 그 중요성은 점점 더 강조되고 있습니다.

최근 사회 전반에 걸쳐 공권력에 대한 도전과 무차별적인 폭력행위가 빈번하게 발생하고 있으며, 이는 단순한 범죄를 넘어 사회적 불안정과 혼란으로 이어지고 있습니다. 공공질서를 유지하기 위한 경찰력의 적극적인 대응이 강조되는 것처럼, 민간 영역에서 활동하는 경호 인력 역시 정당하고 합리적인 물리력 대응 능력을 갖추는 것이 점점 더 중요한 과제로 떠오르고 있습니다.

하지만 현실은 아직 제도적 기반과 법적 보호가 부족한 상태이며, 경호 현장에서 일어나는 수많은 위험 상황에 대해 경호 인력이 스스로를 보호하고, 동시에 의뢰인의 생명과 재산을 지키는 데 있어 상당한 한계와 부담을 안고 있는 것이 사실입니다. 바로 이러한 현실적 필요성 속에서 이 교재의 집필을 결심하게 되었습니다.

본 교재는 단순한 기술 전수에 그치지 않고, 경호학 이론과 격투기 시합을 통한 실전 격투기 경험, 그리고 오랜 격투기 체육관 운영 및 용인동부경찰서 체포술 교관으로 활동하며 축적된 실무적 감각을 바탕으로 구성하였습니다. 민간 경호인력이 현장에서 마주할 수 있는 다양한 위기 상황에 대해 합법적이고 정당하며 효과적인 물리력 대응 방안을 제시하고자 하며, 동시에 그 과정에서 지켜야 할 윤리와 법적 기준 또한 명확히 담아내고자 하였습니다.

“경호현장 물리력대응술”은 단지 기술을 익히는 데 그치지 않고, 위기 앞에서 지켜야 할 책임감과 전문성, 그리고 인권과 정당성의 균형을 갖춘 경호 전문가, 경비업 종사자, 체포술 지도자, 예비경찰관 등 물리력대응술이 필요한 전문가들에게 든든한 길잡이가 되기를 바랍니다.

2025년 7월

김한진 · 강경수 · 최종균 공저

목 차

Ⅰ. 물리력행사와 대응술

최근 공권력을 대상으로 한 무차별적이고 흉폭한 범죄 성향이 잇따라 증가하면서, 사회적 혼란뿐만 아니라 치안 질서를 무시하는 사례도 발생하고 있다. 이에 경찰청은 2019년 「경찰 물리력 행사의 기준과 방법에 관한 규칙」을 제정하여, 현장에서의 적극적인 범죄 진압은 물론 2차 피해 발생 억제를 위해 경찰의 강력한 물리력 사용과 관련한 기본 매뉴얼을 제시하고 있다.

이는 경찰관이 현장에서 경찰 목적 달성을 위해 적절한 물리력을 선택·사용할 수 있도록 하였으며, 규정에 따라 물리력을 행사한 경찰관의 행위는 경찰청으로부터 보호받고 소송 시에도 필요한 조력을 받을 수 있도록 구성되었다. 또한 경찰관이 물리력을 사용할 때 준수해야 할 기본원칙, 사용의 정도, 수단과 한계 등의 유의사항을 규정함으로써 국민과 경찰관의 생명과 신체를 보호하고 인권을 보장하며, 경찰 법집행의 정당성을 확보하는 데 목적을 두고 있다.

이러한 내용은 경찰관이 적법한 공무를 집행함에 있어 민원 발생 소지나 강력 대응으로 인한 범법자의 역민원에 대응하고, 근무자를 보호하는 데 역할을 할 것으로 기대된다. 그러나 여전히 경찰력에 대한 불신과 적대감, 강력 범죄 성향 등으로 인해 우려되는 상황이 많으며, 이에 적극 대응하기에는 법의 소극적 처벌과 경찰 보호 수단이 상당히 미비한 것이 사실이다. 또한 민간경비 현장에서는 물리력을 행사하거나 범죄에 적극 대응할 경우, 제도적 장치가 없어 민간인의 신분으로 대응해야 하는 어려움이 있다.

이에 우리는 범죄로 인해 사회질서를 혼란스럽게 하는 상황에 법적 정당성을 부여해 적극 대응할 수 있는 통로와, 공권력의 가치를 높일 수 있는 제도 마련이 필요하다. 동시에 민간 영역에서도 특정 지역의 생명과 재산을 보호하는 근무자들이 범죄에 대응하기 위한 행동을 보호할 수 있는 제도적 장치도 마련되어야 한다.

1. 물리력 행사의 정의

물리력 행사의 사전적 의미는 무기나 군사력 등을 이용해 행사하는 강제적인 힘을 지칭하는, 매우 단순한 개념이다. 이와 관련하여 경찰 물리력은 경찰의 공권력으로 강제적인 힘을 발동하는 것으로 이해할 수 있다. 이는 경찰 목적을 달성하기 위해 경찰권 발동의 대상자에게 가해지는 일체의 접촉을 의미하며, 경찰 물리력의 적절하고 적법하며 합리적인 행사는 실효성 있는 경찰 목적의 달성은 물론, 시민의 인권 보호 측면에서도 매우 중요한 의미를 가진다.[1]

경찰 물리력은 범죄의 예방과 제지, 범인 체포 또는 도주 방지, 자신이나 타인의 생명·신체에 대한 방어 및 보호, 공무집행에 대한 항거 제지 등 경찰 목적을 달성하기 위한 행위로서, 경찰권 발동의 대상자에게 이루어지는 일체의 신체적·도구적 접촉을 의미한다. 여기에는 경찰관의 현장 임장, 언어적 통제[2] 등 직접적인 신체 접촉 이전 단계의 행위도 포함된다.[3] 다시 말해, 경찰이 보유한 공권력을 발휘하여, 법적 제도 내에서 범법 행위에 대해 강력하게 대응하고 이를 제거하는 적극적인 행위를 뜻한다.

2. 물리력 행사의 법적근거

1) 경찰관 직무집행법

국민의 자유와 권리 보호 및 사회 공공의 질서 유지를 위한 경찰관의 직무 수행에 필요한 사항(주로 행정경찰의 수단)을 규정할 목적으로 제정된 법률을 말한다(「경찰관직무집행법」 제1조 제1항). 이 법률은 1953년 12월 14일 법률 제299호로 제정되어 시행되었으며, 1981년 4월 13일 법률 제3427호로 전부 개정된 이후 여러 차례 개정을 거쳐 현재에 이르고 있다.

---

1) 심혜은(2021)경찰물리력행사의 기준과 방법에 관한연구. 충남대학교 대학원 석사학위논문.
2) 현장임장과 언어적 통제는 물리력 강제성이 없지만 대상자 입장에서는 경찰목적 달성에 협력하게 하는 실질적인 힘을 가지고 있으며, 경찰관 입장에서는 상황을 종결시킬 수 있는 여러 물리력 수단 중 하나로 인식해야 할 필요성이 있으므로 이 규칙에서 말하는 경찰물리력에 포함한다.
3) 경찰청예규(2019)자료 인용

「경찰관직무집행법」 제2조에서 규정하고 있는 경찰관의 직무 중 '범죄의 수사'는 「사법경찰관리 집무규칙」에서 정한 수단에 따르므로, 이 법은 그 외의 직무인 범죄의 예방·진압, 경비·요인 경호 및 대간첩 작전 수행, 치안 정보의 수집·작성·배포, 교통 단속 및 위해 방지, 기타 공공의 안녕과 질서 유지를 위한 즉시강제적 수단을 규정한 것이다. 이 가운데는 경고나 자발적 조치 등 임의수단도 포함된다.

이 법은 특히 경찰관의 직권 남용을 금지하고, 경찰 비례의 원칙을 엄격히 준수할 것을 요구하고 있다. 또한, 이 법에 규정된 경찰관의 권한을 남용하여 타인에게 해를 끼친 자는 1년 이하의 징역이나 금고에 처하도록 명시하고 있다.

이 법에 규정된 경찰 수단에는 다음의 12가지가 포함된다:

불심검문, 보호조치, 위험 발생 방지, 범죄의 예방 및 제지, 위험 방지를 위한 출입, 사실 확인, 유치장 설치 및 운영, 경찰 장비의 사용, 경찰 장구의 사용, 분사기의 사용, 무기의 사용, 사용 등록의 보관.

이 외에도 경찰서 내 유치장 설치와 법 시행령에 관한 규정도 포함되어 있다.[4)]

「경찰관직무집행법」 법률 제20374호(2024. 3. 19. 일부 개정, 2024. 9. 20. 시행)의 제1조(목적)와 제2조(직무의 범위)를 살펴보면 다음과 같다.

제1조(목적)

① 이 법은 국민의 자유와 권리 및 모든 개인이 가지는 불가침의 기본적 인권을 보호하고 사회 공공의 질서를 유지하기 위한 경찰관(경찰공무원만을 해당하며, 이하 같다)의 직무 수행에 필요한 사항을 규정함을 목적으로 한다. (개정 2020. 12. 22.)

② 이 법에 규정된 경찰관의 직권은 그 직무 수행에 필요한 최소한도에서 행사되어야 하며, 남용되어서는 아니 된다고 명시하고 있다.

4) 법제처 국가법령정보센터

제2조(직무의 범위)

경찰관은 다음 각 호의 직무를 수행한다.

1. 국민의 생명·신체 및 재산의 보호
2. 범죄의 예방·진압 및 수사 2의2. 범죄피해자의 보호
3. 경비, 주요 인사 경호 및 대간첩·대테러 작전 수행
4. 공공안녕에 대한 위험의 예방과 대응을 위한 정보의 수집·작성 및 배포
5. 교통 단속 및 교통 위해의 방지
6. 외국 정부기관 및 국제기구와의 국제협력
7. 그 밖에 공공의 안녕과 질서 유지를 목적으로 하는 직무

이에 따라 범죄에 적극적으로 대응하기 위한 경찰 물리력 행사와 관련된 주요 규정은 다음과 같다.

· **제5조**: 위험 발생의 방지 등
· **제6조**: 범죄의 예방과 제지
· **제10조**: 경찰장비의 사용 등
· **제10조의2**: 경찰장구의 사용
· **제10조의3**: 분사기 등의 사용
· **제10조의4**: 무기의 사용

또한 「경찰공무원법」 제20조의2도 대표적인 관련 조항에 포함된다.

2) 경찰 물리력 행사의 기준과 방법에 대한 규칙과 3대 원칙

경찰 물리력 사용으로 인한 일반 시민과 경찰관에 대한 위해 상황의 가능성, 그리고 철저한 통제의 필요성이 지속적으로 강조되고 있음에도 불구하고, 우리나라 경찰 역사상 제대로 된 물리력 사용 가이드라인과 기초 매뉴얼이 정립된 적이 없었다는 점에서, 이번 「경찰 물리력 행사의 기준과 방법에 관한 규칙」의 제정은 경찰의 근무환경 개선과 경찰 인권 보호에 대한 강력한 의지의 표현이자, 엄격한 자기 통제의 시발점으로서 높이 평가될 수 있다.[5)]

「경찰 물리력 행사의 기준과 방법에 관한 규칙」은 경찰관이 물리력을 사용할 때 준수해야 할 기본원칙, 물리력 사용의 정도, 각 물리력 수단의 사용 한계 및 유의사항 등을 규정함으로써, 국민과 경찰관의 생명·신체를 보호하고 인권을 보장하며, 경찰법 집행의 정당성을 확보하는데 그 목적이 있다.

경찰관은 경찰 목적을 실현함에 있어 적합하고 필요하며 상당한 수단을 선택함으로써, 목적과 수단 사이에 합리적인 비례 관계가 유지되도록 하여야 하며, 특히 물리력의 사용이 필요한 경우 다음의 세 가지 원칙을 준수하여야 한다.

첫째, 객관적 합리성의 원칙이다. 경찰관은 자신이 처한 사실과 상황에 비추어, 합리적인 현장 경찰관의 관점에서 가장 적절한 물리력을 사용하여야 한다. 이를 위해 범죄의 종류, 피해의 경중, 위해의 급박성, 저항의 강약, 대상자와 경찰관의 수, 대상자가 소지한 무기의 종류 및 사용 방식, 대상자의 신체 및 건강 상태, 도주 여부, 현장 주변의 상황 등을 종합적으로 고려해야 한다.

둘째, 대상자 행위와 물리력 간 상응의 원칙이다. 경찰관은 대상자의 행위에 따른 위해 수준을 지속적으로 평가·판단하여, 필요 최소한의 수준으로 물리력을 조절하여 사용해야 한다.

셋째, 위해 감소 노력 우선의 원칙이다. 경찰관은 현장 상황이 안전하고 시간적 여유가 있는 경우, 대상자가 야기하는 위해 수준을 낮추어 보다 덜 위험한 물리력을 통해 상황을 종결할 수 있도록 노력하여야 한다. 다만, 이러한 노력이 오히려 상황을 악화시킬 가능성이 있거나 급박한 경우에는 이 원칙을 적용하지 않을 수 있다.

3) 민간경비 현장의 물리력 행사

현행법상 민간 경호원과 민간 경비요원은 일반인과 동일한 사인(私人)으로 분류된다. 즉, 경찰처럼 사법권이나 공권력을 갖는 것이 아니라 민간인의 자격으로 근무하게 되며, 이때 경비원에게 사법권이 부여되는 것이 아니므로, 실질적으로는 사법권과 관련한 법적 보장을 받을 수 없다고 할 수 있다.

---

5) 이훈·정진성(2019)우리나라 외근경찰 물리력 사용 가이드라인 재정립에 따른 현장 대응력 강화 내실화 방안에 관한연구. 한국공안행정학회 제75호

따라서 민간경비 현장에서는 경비원이 사법권과 같은 강제력이 없는 현실에 놓여 있으며, 대응이 필요한 상황이 발생하더라도 소극적인 근무 형태나 자세를 가질 수밖에 없다. 또한, 현행법상 민간인이 행사할 수 있는 체포 권한 정도만 갖고 있기 때문에, 제한된 권한 내에서만 대응이 가능하다.

결과적으로 민간 경비 현장에서의 물리력 행사는 주로 현행범에 대한 조치, 정당행위, 정당방위, 자구행위, 긴급피난 등과 같은 법률상 허용되는 범위 내에서만 법적 보호를 받을 수 있으며, 그 외의 행위에 대해서는 법적 보장이 어려운 한계를 가진다.

그러나 이마저도 실제 상황에서의 대응 강도, 피해의 정도, 상대방의 상해 여부 등에 따라 모든 행위가 일률적으로 법적 보호를 받는 것은 아니기 때문에, 민간경비 인력이 판단하고 대응하는데 많은 법적·심리적 부담과 어려움이 수반된다고 할 수 있다. 흔히 발생하는 사소한 시비에서도 쌍방 폭행으로 법적 처벌을 받거나, 모호한 상황을 이용해 쌍방 상황으로 유도하여 면책을 받으려는 행위가 적지 않게 발생한다. 또한, 명확하지 않은 경우에는 가해자와 피해자가 불분명한 상황도 빈번히 발생한다.

분명한 것은, 민간경비원은 일반인의 신분이지만 특정 의뢰를 받아 생명과 재산을 보호하는 역할을 수행하기 때문에 범법 행위를 저지르는 사람에 대해서는 보다 적극적인 대응이 가능하도록 법적·제도적 장치가 마련되어야 한다는 점이다.

① 정당행위

형법 제20조 정당행위는 법령에 의한 행위 또는 업무로 인한 행위 기타 사회상규에 위배되지 아니하는 행위는 벌하지 아니한다 라고 규정한다. 위법성조각사유 중 하나이다. 형사미성년자가 아닌 자가 행한 행위가 구성요건에 해당하더라도 그것이 법령에 의한 행위, 업무로 인한 행위, 기타 사회상규에 위배되지 않는 행위이면 그 행위는 범죄로 취급하지 않는다는 것을 의미한다.[6]

② 정당방위(正當防衛)

정당방위란 자기 혹은 타인을 보호하기 위해 부득이하게 행한 가해행위를 말한다.

6) 대한민국 형법(刑法)

보통 폭력을 사용하여 상해를 입히거나 죽이는 것을 말한다. 한국에서는 정당방위란 "자기 또는 타인의 법익에 대한 현재의 위법한 침해를 방위하기 위한 상당한 이유 있는 행위"이다.7)

정당방위가 인정되면, 민사상 불법행위와 형사상 불법행위가 모두 무죄가 된다. 정당방위는 보통 개인의 정당방위를 말하며, 국가의 정당방위는 자위권이라고 부른다. 정당방위가 성립하려면 침해 행위에 의하여 침해되는 법익의 종류, 정도, 침해의 방법, 침해 행위의 완급과 방위 행위에 의하여 침해될 법익의 종류, 정도 등 일체의 구체적 사정들을 참작하여 방위 행위가 사회적으로 상당한 것이어야 하고, 정당방위의 성립 요건으로서의 방어 행위에는 순수한 수비적 방어뿐 아니라 적극적 반격을 포함하는 반격 방어의 형태도 포함되나, 그 방어 행위는 자기 또는 타인의 법익 침해를 방위하기 위한 행위로서 상당한 이유가 있어야 한다.8)

③ 자구행위(自救行爲, self-help)

자구행위는 자신의 권리를 침해 받았을 때 공권력의 개입을 기다리지 않고 스스로 해결하려고 나서는 행위로 법률에서 정한 절차에 따라서는 청구권을 보전(保全)할 수 없는 경우에 그 청구권의 실행이 불가능해지거나 현저히 곤란해지는 상황을 피하기 위하여 한 행위는 상당한 이유가 있는 때에는 벌하지 아니한다는 내용을 담고 있다.9)

자구행위의 요건은 자구행위상황, 보전행위, 상당한 이유로 요약할 수 있다. 법치주의 국가라면 당연히 자력구제금지란 대원칙이 적용된다. 즉, 일반 사인(私人)은 국가의 공권력에 통해 적법한 절차에 따라야만 자신의 권리를 확보하고 보호할 수 있다. 이 대원칙의 예외로서, 자구행위란 권리자가 자신의 권리에 대하여 불법한 침해를 받았을 경우, 공적인 구체적 절차에 의하지 않고 자력에 의하여 자신의 권리를 구제할 수 있는 행위를 일컫는 것이다.10)

7) 형법 제21조 제1항
8) 위키백과 사전인용
9) 형법 제23조(자구행위)
10) 나무위키 인용

④ 긴급피난

우리나라 형법 제22조는 위난상황에서 일정한 경우에 처벌되지 않는 규정을 두고 있는데 그것을 '긴급피난'이라고 한다.

긴급피난은 정당방위와는 다르게 그 규범적 구조에 있어서 다양한 측면을 가지고 있다. 정당방위의 경우, 부당한 침해에 대한 자기 보호본능과 법질서 유지라는 한 가지의 측면에서 위법성조각 사유의 근거를 제시한다. 그러나 긴급피난은 사회 연대성의 논리와 공리주의적 시각, 자기보호의 본능, 법질서 수호 등 여러 가지 측면에서 정당성의 근거를 제시한다.[11)]

또한 그에 관련하여 민법 제761조는 불법행위에 대한 위법성을 조각하는 사유로, 정당방위와 긴급피난을 규정하고 있는데, 제2항에서 규정하고 있는 긴급피난은 급박한 위난을 피하기 위하여 부득이 타인에게 손해를 가한 경우에는 제1항에서 규정하고 있는 정당방위의 효과를 인정한다. 따라서 제2항에서의 요건에 부합하는 행위의 경우에 있어서는 정당방위처럼 배상할 책임이 없게 되고, 손해를 입은 피해자는 손해에 있어서 위난의 원인이 된 자에게 손해배상을 청구한다. 그러나 정당방위가 불법행위, 즉 위법한 침해에 대한 반격인 점과 달리, 긴급피난은 위법하지 않은 침해에 대한 피난이라는 점에서 다르게 해석한다. 이러한 민법상의 긴급피난의 요건으로 크게 세가지로 분류하는데 첫 번째는 현재의 급박한 위난을 피하려는 행위이어야 하며, 두 번째는 본인 또는 제3자의 이익을 보호하기 위한 피난일 것과, 세번째로, 부득이하게 행해져야 한다. 먼저 '급박한 위난'의 요건에 있어 해당하는 위난은 자신의 고의나 과실로 발생한 것이어서는 안되며, 또한 그 행위의 목적이 자기 또는 제3자의 이익을 보호하기 위한 것이어야만 한다는 것이다. 여기서 마지막으로 '부득이하게 취해졌어야 한다'는 요건은 타인에 대해 행위자가 선택한 행위, 다시말해 타인에게 손해를 발생시킨 행위 외에는 다른 적절한 수단이 없어야만 한다는 것을 뜻한다. 또한 위난을 피함으로써 보호되는 이익과 피난행위로 생긴 손해와의 사이에 현저한 불균형이 있지 않을 것을 의미하는 것이다.[12)]

11) 김영중(2013) 긴급피난의 상당성에 관한연구. 서울대학교 대학원 박사학위논문.
12) 김신우(2008) 국제법상 위법성조각사유로서의 긴급피난 개념에 대한연구. 홍익대학교 대학원 석사

Ⅱ. 물리력행사에 따른 대응방안

1. 1단계 협조적 통제

협조적 통제는 순응 단계에서 대응할 수 있는 물리력 수준으로, 환경이나 변화에 적응하거나 체계 및 명령에 따르는 상태를 의미한다. 이 단계에서는 현장 임장, 언어적 통제, 체포를 위한 수갑 사용, 안내 또는 체포에 수반된 신체적 물리력 등이 포함된다. 예를 들어, 상호 간 폭행이 벌어지는 상황에서 경찰관이나 경호·경비원이 출동했을 때, 당사자들이 싸움을 멈추고 경찰에게 처벌을 요청하거나 신고를 요청하는 경우는 순응 상태로 볼 수 있다.

2. 2단계 접촉 통제

접촉 통제는 신체적 물리력을 사용하는 단계로, 대상자가 통제에 따르지 않고 비협조적이지만 제3자에게 직접적인 위해를 가하지는 않는 상태를 말한다. 이 단계에서는 신체를 잡기, 밀기, 잡아끌기, 누르기, 비틀기 등의 방식으로 물리력을 사용할 수 있다. 따라서 1단계 협조적 통제에서 2단계 접촉 통제까지 물리력의 행사가 가능하며, 예를 들어 고정된 물체를 붙잡고 버티거나 퇴거 및 이동 명령에 불응하는 행동 등은 소극적 저항으로 간주할 수 있다.

3. 3단계 저위험 물리력

저위험 물리력은 적극적 저항 단계로 제3자에게 낮은 수준의 위해 행위만을 가하는 상태를 의미한다. 예를 들어, 자신을 체포하거나 연행하려는 경찰 또는 경호·경비원

학위논문.

의 손을 뿌리치거나, 잡아끌거나, 침을 뱉거나, 밀치는 행위 등은 적극적 저항으로 볼 수 있다. 따라서 이러한 경우에는 1단계 협조적 통제부터 3단계 저위험 물리력까지 행사할 수 있으며, 저위험 물리력에는 목을 압박하여 제압하는 행위, 관절 꺾기, 균형을 무너뜨려 넘어뜨리기, 서거나 누운 자세에서 움직이지 못하도록 누르거나 제압하는 방법 등이 포함된다.

4. 4단계 중위험 물리력

중위험 물리력은 폭력적 공격으로 대상자가 신체적 위해를 가하는 상황 또는 폭력행위를 하거나 이를 행사하려는 자세를 취하여 그 행사가 임박한 상태를 말한다. 따라서 이러한 경우에는 1단계 협조적 통제부터 4단계 중위험 물리력까지 행사할 수 있다.

중위험 물리력은 폭력적 공격 이상의 상태에 있는 대상자에게 사용할 수 있는 물리력 수준으로, 손바닥, 주먹, 발 등 신체 부위를 이용한 가격(打擊)을 포함한다. 이러한 수단은 생명이나 신체에 중대한 위해를 가할 가능성은 낮은 물리력 수단에 해당한다.

5. 5단계 고위험 물리력

고위험 물리력은 치명적 공격으로 사망 또는 심각한 부상을 초래할 수 있는 상태를 말하며, 흉기 사용이나 무차별적인 폭행 등이 이에 해당한다. 따라서 이러한 경우에는 1단계 협조적 통제부터 5단계 고위험 물리력까지 모두 행사할 수 있다.

고위험 물리력은 물리력 행사 단계 중 최후의 수단으로 사용할 수 있는 수준의 물리력으로, 대상자의 사망 또는 심각한 부상을 초래할 수 있는 행위를 말한다.

Ⅲ. 신체적 물리력 대응술의 기초

1. 낙법 (전방낙법, 후방낙법, 측방낙법, 회전낙법)

1-1) 전방낙법

01 손을 삼각형으로 만들어 얼굴앞에 위치한다.

02 손과 팔이 동시에 지면에 닿도록 치면서 얼굴을 보호하기 위하여 옆으로 고개를 돌린다.

03 다양한 각도

1-2) 전방낙법 응용

01 다리를 잡아 넘어뜨릴 때

02 전방낙법을 응용하여 대처한다.

2-1) 후방낙법

01 앉은 자세로 준비한다.

02 양 손과 팔로 지면을 동시에 치며 머리와 다리를 들어 충격을 흡수한다.

03 다양한 각도

2-2) 후방낙법 응용

01 다리를 잡혀

02 넘어질 때

03 후방낙법을 응용하여 대처한다.

3-1) 측방낙법

01 낙법을 하려는 쪽 팔을 편다.

02 반대쪽으로 손과 발을 교차한다.

03 앉으면서 자세를 낮춘다.

04 머리를 들고 손과 팔로 동시에 지면을 치며 충격을 흡수한다.

3-2) 측방낙법 응용

01 팔을 잡혀

02 제압당할 때

03 넘어지는 동작에서

04 측방낙법으로 충격을 흡수한다.

4-1) 회전낙법

01 회전하기 위한 준비자세를 한다.

02 손을 바닥에 대로 발과 함께 삼각형을 만든다.

03 그대로 어깨를 타고 회전한다.

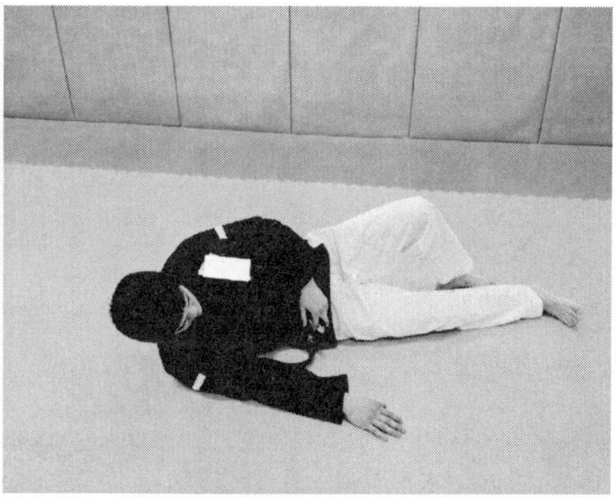

04 머리를 들고 손과 팔을 이용하여 지면을 치며 충격을 흡수한다.

4-2) 회전낙법 응용

01 다리를 잡혔을 때

02 몸을 틀어 회전낙법 준비를 한다.

03 회전낙법으로 탈출한다.

04 손으로 바닥을 치며 일어난다.

2. 잡기 (그레꼬르만 그립, 빰 그립1, 빰 그립2, 몽키 그립, 얼티네이트 그립)

1) 그레꼬르만 그립

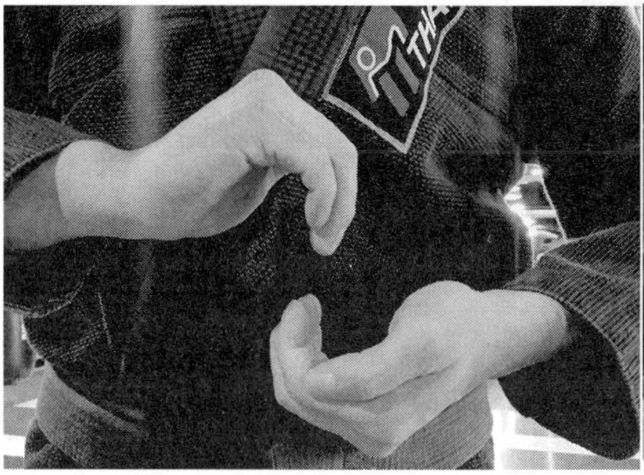

01 엄지손가락을 붙혀 손을 c모양으로 만든다.

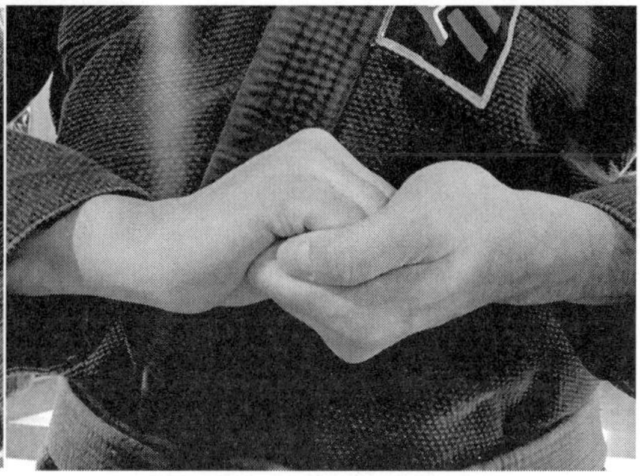

02 서로 풀리지않도록 결합한다.

2) 빰 그립1

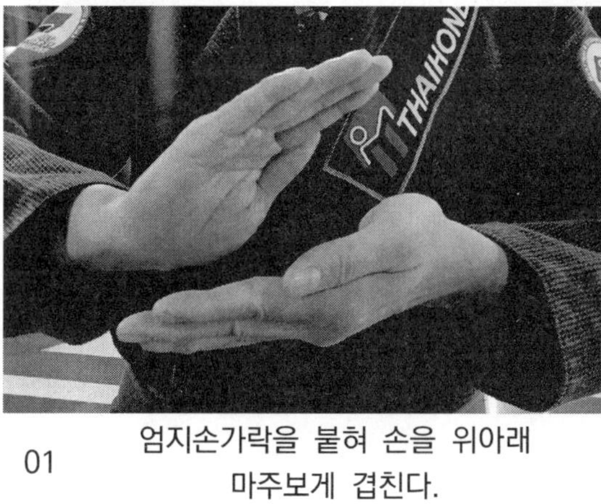

01 엄지손가락을 붙혀 손을 위아래 마주보게 겹친다.

02 손바닥을 서로 붙혀 풀리지않도록 결합한다.

3) 빰 그립2

01 위와 동일하게 손바닥을 마주 잡는다. 이때 엄지손가락은 붙이지 말고 기도하듯이 엄지를 감싸 잡는다.

4) 몽키 그립

01 엄지손가락을 펴서 손목을 감싸 잡는다.

02 엄지손가락을 펴서 손날을 감싸 잡는다.

5) 얼터네이트 그립

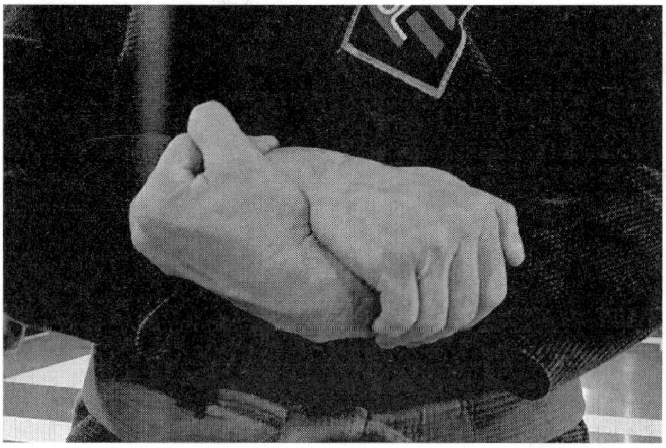

01 엄지를 붙이고 손을 서로 엇갈리게 겹친다.

6) 양손 깍지 X

01 양손 깍지 그립은 잡은 상태에서 넘어질 경우 다칠 우려가 있으며, 고정하는 힘이 약하므로 사용을 지양한다.

3. 스텝

[호신술 기본 스텝] 백스텝과 회전스텝

01 갑작스러운 상황에 넘어지지 않도록 뒤로뛰기 연습을 한다.

01 왼 발을 축으로 02 오른발을 03 회전시킨다.

01 오른 발을 축으로

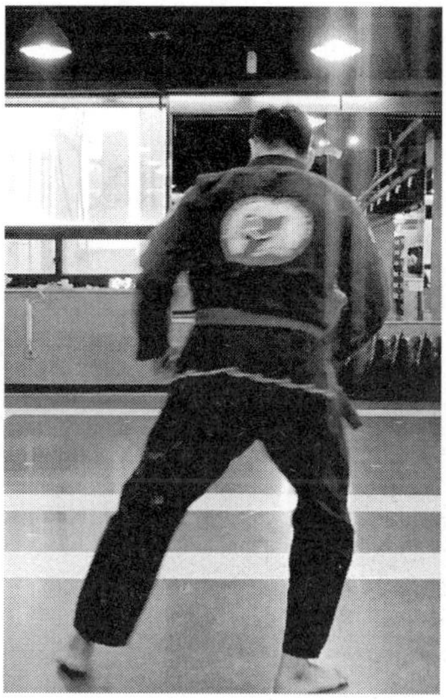

02 왼발을

03 회전시킨다.

Ⅳ. 신체적 물리력 대응술

1. 손목 잡힘 탈출 3가지

1) 한손잡힘 (밖) 탈출

01 상대방이 바깥 손목을 잡았을 때

02 손바닥을 아래로 향하게 돌린다.

03 상대방이 잡은 손 바깥쪽으로 한발 이동한다.

04 팔꿈치로 치듯이 몸통을 강하게 한번에 돌려준다.

05 양팔을 펴서 밀 듯이 거리를 확보한다.

2-1) 한손잡힘 (안) 탈출

01 상대방이 안쪽 손목을 잡았을 때

02 손바닥을 위로 향하게 돌린다.

03 전화받는 자세를 취하면서 잡힌 손 바깥쪽으로 걸어가듯 이동한다.

04 양팔을 펴서 밀 듯이 거리를 확보한다.

2-2) 한손잡힘 (안) 제압

01 상대방이 안쪽 손목을 잡았을 때

02 잡힌 손을 상대방 안쪽으로 이동시킨다.

03 다시 상대방 바깥쪽으로 손을 이동한다.

04 바깥쪽으로 한 바퀴 돌려 잡는다.

05 반대손으로 어깨를 잡고 밀어준다.

06 어깨를 잡고 밀면서 아래로 누른다.

07 바닥에 눌러 제압한다. (어깨 옆 바닥에 무릎을 대고 손으로 누르거나 무릎으로 어깨를 눌러 제압한다.)

3-1) 양손으로 잡힘 탈출Ⅰ (위로빼기)

01 상대방이 양손으로 손목을 잡았을 경우

02 반대손을 위로 넣어 양손을 잡는다.(위쪽에 공간이 있는 경우)

03 팔꿈치를 앞으로 밀며 양손을 위로 뜯어낸다.

04 뜯어냄과 동시에 한 바퀴 돌아 거리를 확보한다.

3-2) 양손으로 잡힘 탈출Ⅱ (아래빼기)

01 상대방이 양손으로 손목을 잡았을 경우

02 반대손을 아래로 넣어 양손을 잡는다.(아래에 공간이 있는 경우)

03 잡은 양손 중 잡혀있던 손의 손등이 위로 가게 돌린다.

04 팔꿈치를 안으로 넣듯이 뜯어낸다.

05 빠르게 회전하여 거리를 확보한다.

2. 얼굴방어

1) 정면

01 [정면]
양손 바닥을 이마에 붙이고 팔꿈치를 오므린다.
뒤로 밀리지 않도록 한발을 뒤로 빼준다.

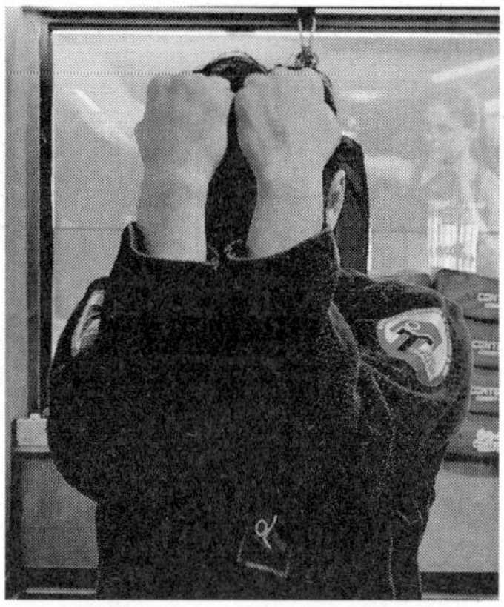

02 [정면]
파트너가 손바닥이나 주먹으로 가드위를 타격해주면 연습한다.

2) 측면

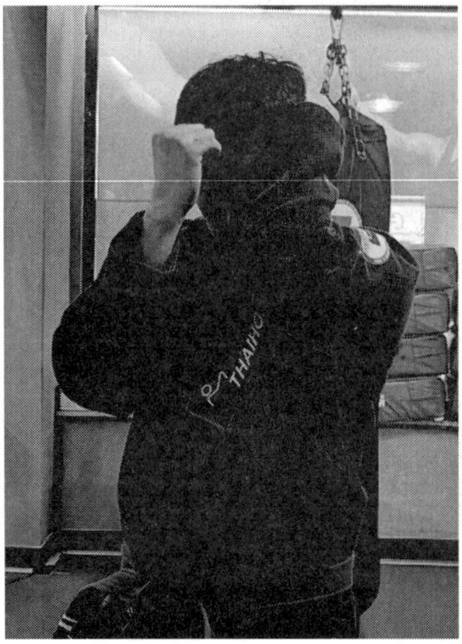

01 [측면]
손 바닥을 관자놀이에
붙이고 팔꿈치를 안으로 붙인다.

02 [측면]
파트너가 손바닥으로 측면 가드위를 타격해주면 연습한다.

03 [정면/측면]공통
방어 동작이 끝나면 양팔을 펴서 밀 듯이 거리 확보를 한다.

3. 연행술

1-1) 연행술 (팔꿈치)

01 어깨를 잡거나 밀려고 하는 경우 팔로 막고 돌려 반대손으로 손목을 잡는다.

02
팔이 펴질 수 있도록 팔꿈치 바로 위쪽을 잡고 밀면서 나란히 이동하며 연행한다.

1-2) 연행술 (겨드랑이)

01
어깨를 잡거나 밀려고 하는 경우 팔로 막고 돌려 반대손으로 손목을 잡는다.
(01번 동작은 팔꿈치 연행법 01번과 동일하게 한다. 참고하기)

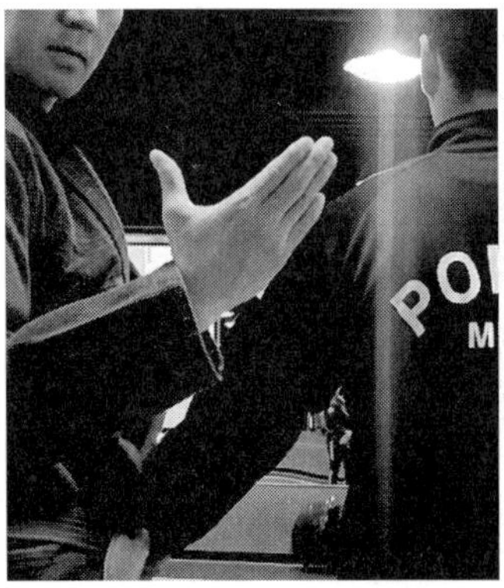

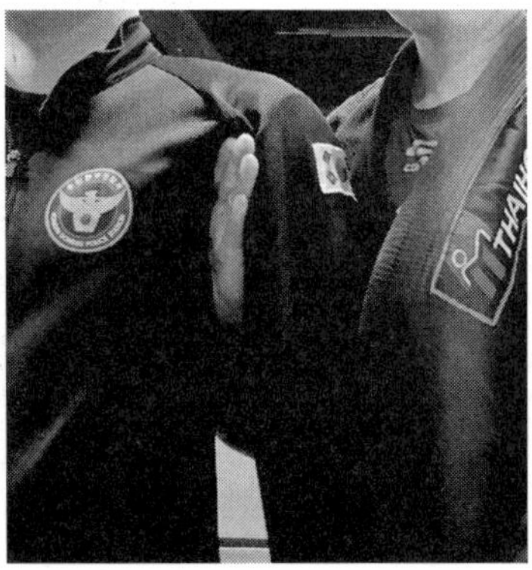

02-1
겨드랑이를 손으로
(엄지와 검지사이) 잡고
나란히 이동하며
연행한다.

02-2
겨드랑이를 팔짱 끼듯이 잡고 나란히 이동하며 연행한다.

1-3) 연행술 (허리감기)

02-3
손목을 잡은 반대손으로 상대방 팔뒤 쪽(삼두)를 잡아 당기며 상대방 몸통을 돌려 허리를 감싸고 이동한다.
(이때 팔까지 함께 감싸면 연행하기 더 용이하다.)

4. 박치기 대비 방어

"박치기 대비 방어 실습"은 정신병원, 요양시설, 보호기관 등에서 **직원 안전을 지키는 데 매우 핵심적인 파트** 이다.

특히 환자가 예고 없이 얼굴을 향해 머리를 들이받는 경우는 흔하고, 순간적인 부상 위험이 크기 때문에 '선조치·거리확보 중심'의 실습 구성이 중요하다.

□ 박치기 대비 방어 실습 구성 예시

1] 상황 이해

· **상황** : 환자가 갑작스럽게 가까이 다가와 머리로 들이받는 행동을 시도함
· **위험부위** : 코, 턱, 안면, 치아, 목
· **발생환경** : 이동 중, 보호 중, 침대 옆, 밀폐된 공간 등

2] 대응 원칙

· **거리확보** : 얼굴은 물러서고 팔은 앞으로
· **전방차단** : 두 팔을 삼각형 형태로 만들어 얼굴을 가드
· **중심이탈** : 무게중심을 뒤로 빼며 충격 선 벗어나기
· **재접근 방지** : 양손을 펴서 가슴높이 제시
("그만하세요!" 시각적 제지)
· **안전확보** : 즉시 팀 호출, 주변 환자/물건 이동

3] 실습 시 안전 유의사항

· 실제 머리 충돌 금지 (연습 시 가짜 박치기 동작만 시연)

· 실습 전 스트레칭 및 경추 보호 교육 필수

· 현장에서는 과도한 제압은 환자와 직원 모두 부상을 입을 수 있으니, 현장 이탈 우선, 양손을 펴서 거리확보, 청각적·시각적 제지 ("그만하세요!")

01
[접근 제압시 잘못된 머리의 위치] X
위 3가지 방식은 잘못된 접근방법이다.
(상대방과 머리의 위치가 비슷하면 박치기 공격 포인트가 된다)

02

[접근 제압시 올바른 머리의 위치] O

반항이 심한 경우 항상 박치기의 위험을 인지하고 거리를 유지한 것이 가장 좋은 선택이며, 근접 제압 시에는 위 사진처럼 상대방 보다 머리의 위치가 낮아야 한다.

5. 한손으로 어깨 또는 멱살 잡힘

1) 팔이 펴졌을 때

01
한손으로 어깨 또는 멱살을 잡혔을 경우
(팔이 펴졌을 때)

※ 상대방이 미는 경우 팔이 펴진다.

02
잡힌 쪽 팔을 올려 안쪽으로 두 바퀴 돌리며 뒤로 이동하여 뜯어낸다.
(팔을 두 바퀴, 세 바퀴 많이 돌리면 뜯어내기 용이하다)

03
뒤로 이동하며 팔을 빠르게 돌리는 것이 가장 중요한 포인트이며, 거리를 확보해야 한다.
(뒤로 이동하면서 돌리지 않을 경우 팔이 서로 꼬일 수 있다)

2) 구부러졌을 때

01
한손으로 어깨 또는 멱살을 잡혔을 경우
(팔이 구부러졌을 때)

※ 상대방이 잡아 당기는 경우 팔이 구부러진다.

02
잡힌 쪽 팔꿈치를
들어 팔을 올린다.
한발 나가면서 반대
손을 맞잡는다.

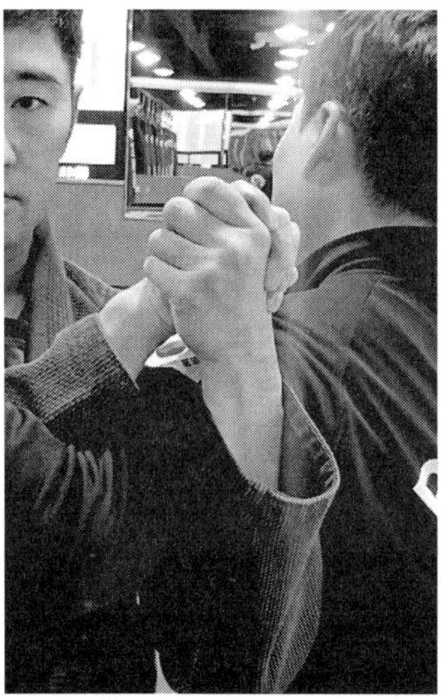

03
몸통을 깊게 돌려 양손을 맞잡는다

04
한발 들어가 앉으며 넘어뜨린다.
※주의※ 다리걸어 넘어뜨리지 말고 앉으면 자연스럽게 넘어지게 된다.

05
팔을 당기며 무릎을 상대방 등 뒤에 놓고 팔을 잡아당기며 반대 손으로 얼굴을 누른다.

06
얼굴을 젖혀 누른다.

※ 얼굴이나 목을 제압하면 몸전체의
힘을 사용하기가 어려워지므로
제압하기 용이하다.

6. 상대방 뒤로 이동하여 제압하기

01 한 손으로 어깨를 밀거나 잡으려고 하는 경우 팔을 들어 돌리면서 손목을 잡고 반대 손으로 팔 뒤쪽(삼두)을 잡는다.

02 팔 뒤쪽(삼두)을 잡아 돌리면서 뒤쪽으로 이동하여 허리를 감싸고 빠져나가지 못하도록 양손에 그립을 만들어준다.

03 팔을 감싼쪽 다리에 발을 나란히 옆에 붙힌다.

04 발을 붙힌 쪽으로 몸통을 기울이며 앉는다.

05
상대방과 함께 누우며 몸 위에 태우고 손을 휘두르지 못하게 양손을 잡아 제압하며, 양발로 다리를 제압한다.

06

한쪽 방향으로 몸을 눕히고 발 모양을 갈고리처럼 만들어서 상대방 다리 무릎 뒤쪽을 걸어 들어올리며 반대 쪽 다리로 바닥을 쓸어 몸을 뒤집어 올라타서 팔을 뒤로 뽑아 누르며 제압한다.

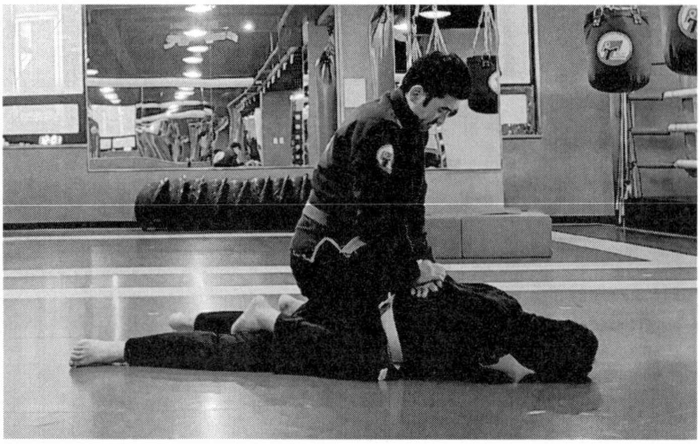

07
마무리 참고

7. 상담 시 앉은 자세에서 제압 및 방어

"앉은 자세 방어(침대·의자 등 제한공간 제압 및 방어)"는 정신병원, 요양시설, 보호시설에서 가장 실질적으로 필요한 호신술 파트 중 하나이다.

특히 환자 돌봄·식사·투약·상담 중 앉은 자세에서 공격이 시작되는 경우가 많아 일어서지 못한 상태에서 즉각적 거리 확보와 중심 보호가 핵심이 된다.

□ 앉은 자세 방어 실습 구성 예시

1] 상황 이해

· **상황** : 직원이 침대 옆, 의자, 휠체어 옆 등에서 근무 중 환자가 갑자기 밀거나 잡거나 때리려는 경우

· **특징** : 좁은 공간, 제한된 움직임, 중심 이동 불리함

· **위험요소** : 균형 상실, 머리 어깨 충돌, 넘어짐 후 2차 공격

2] 대응 원칙

· **즉각적인 상체 보호** : 팔로 얼굴 및 상체 방어

· **좌석에서 중심이동 확보** : 엉덩이를 살짝 들어 무게중심 이동

· **하체 이용한 거리 확보** : 의자나 침대를 밀거나 다리를 이용해 충격 완충

· **언어적 제지 + 재접근 방지** : "잠시만요!" "진정하세요!"

· **가능 시 일어서서 안전거리 확보**

3] 실습 시 안전 유의사항

· 실제 훈련 시 상대를 밀어넘기지 말고 "거리확보 동작"까지만

· 좁은 공간 내에서는 낙법 매트를 사용

· 다리·무릎 사용 시 상대 신체 접촉 금지, 완충 훈련 중심 연습

- “제압이 아닌 이탈” 중심으로 연습
- “일어나기 어려운 상황인 경우 앉은 자리에서는 빠르게 일어나려 하지 말고 먹저 막아라”
- “팔로 가드하고, 다리로 거리 만들고, 그 다음 일어서라”
- “일어서면 바로 뒤로 이동하며 시야를 확보하라”
- “비폭력적 제지언어 (‘진정하세요’, ‘잠시만요’)를 반복하라”

01
상담 시 마주앉아 위협 할 때

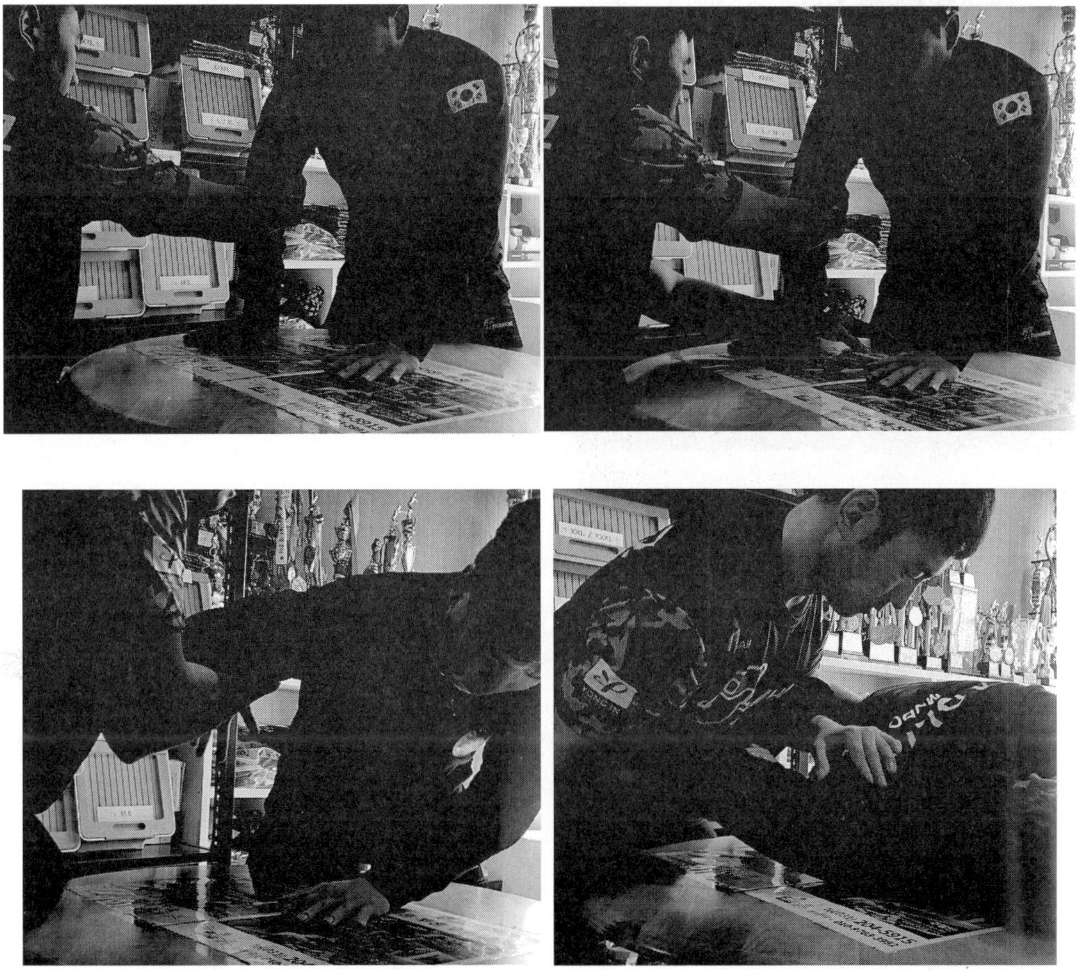

02
팔꿈안쪽을 잡아당겨 무게중심을 잃어버리게 하면서 반대손으로 팔을 뒤로 돌려 등 또는 어깨 쪽을 눌러 제압한다.

01
상담 시 옆에서 목을 조르거나 멱살을 잡을 때

02
한손으로 상대방 손목을 잡아 고정하고 반대팔을 돌려 팔꿈치로 누르며 몸통을 돌려 팔을 고정 및 제압한다.

8. 오른손(왼손)으로 휘두를 때

01

손날 막기 하듯이 얼굴(좌/우), 몸통(좌/우) 4군데 방향으로 날라 오는 손을 막는 연습을 3분 이상 한다. (규칙적 또는 무작위 공격)

9. 양손으로 멱살 잡혔을 때

01

상대방의 한팔을 겨드랑이에 끼우고 다른 쪽 팔은 손을 뜯어 내어 잡는다. 이후 한손으로 얼굴을 밀어 제압하거나 거리를 확보한다.

10. 벽으로 밀어 양손으로 멱살을 잡거나 목을 조를 때

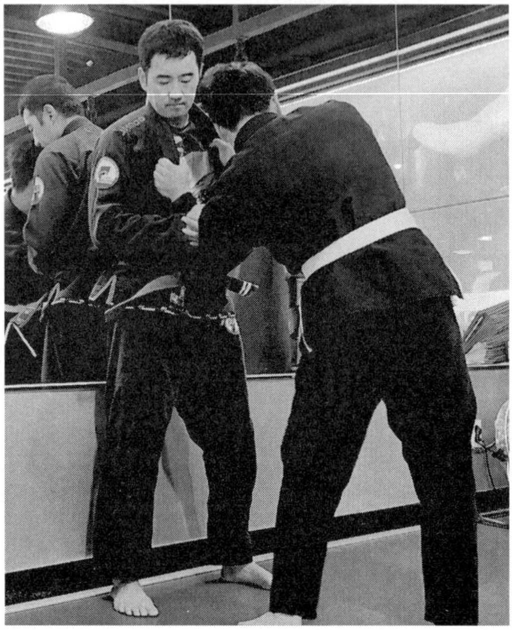

01
벽으로 밀어 양손으로 멱살을 잡을 때 한쪽 팔을 양손을 사용하여 아래로 힘껏 누른다.

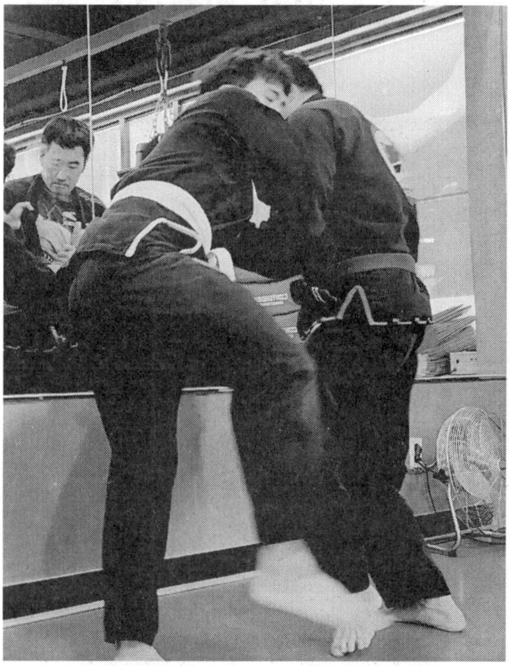

02
순간적으로 누른 팔쪽으로 회전하여 자리를 바꾸며 거리 확보를 한다.

11. 벽으로 멱살 잡고 팔 날로 밀치며 위협할 때

01
벽으로 밀어 팔 날로 위협하는 경우 한쪽 손으로 얼굴을 돌린다.

02
손을 바꿔 잡는다.

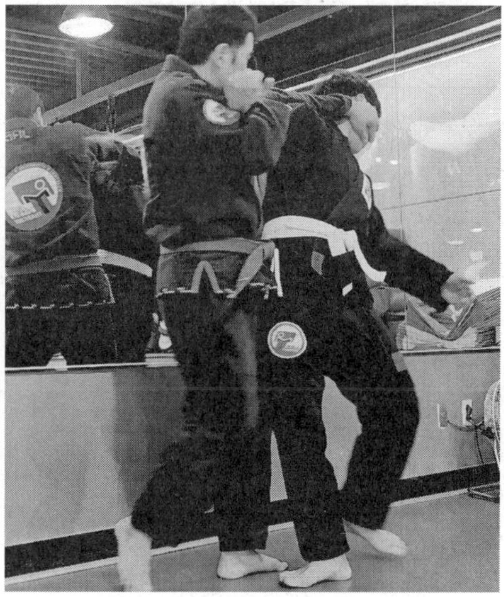

03
벽으로 돌리며 자리를 바꾼다.

04
상대방 무릎 뒤 오금을 무릎이나 발로 밀어 넘어뜨린다.

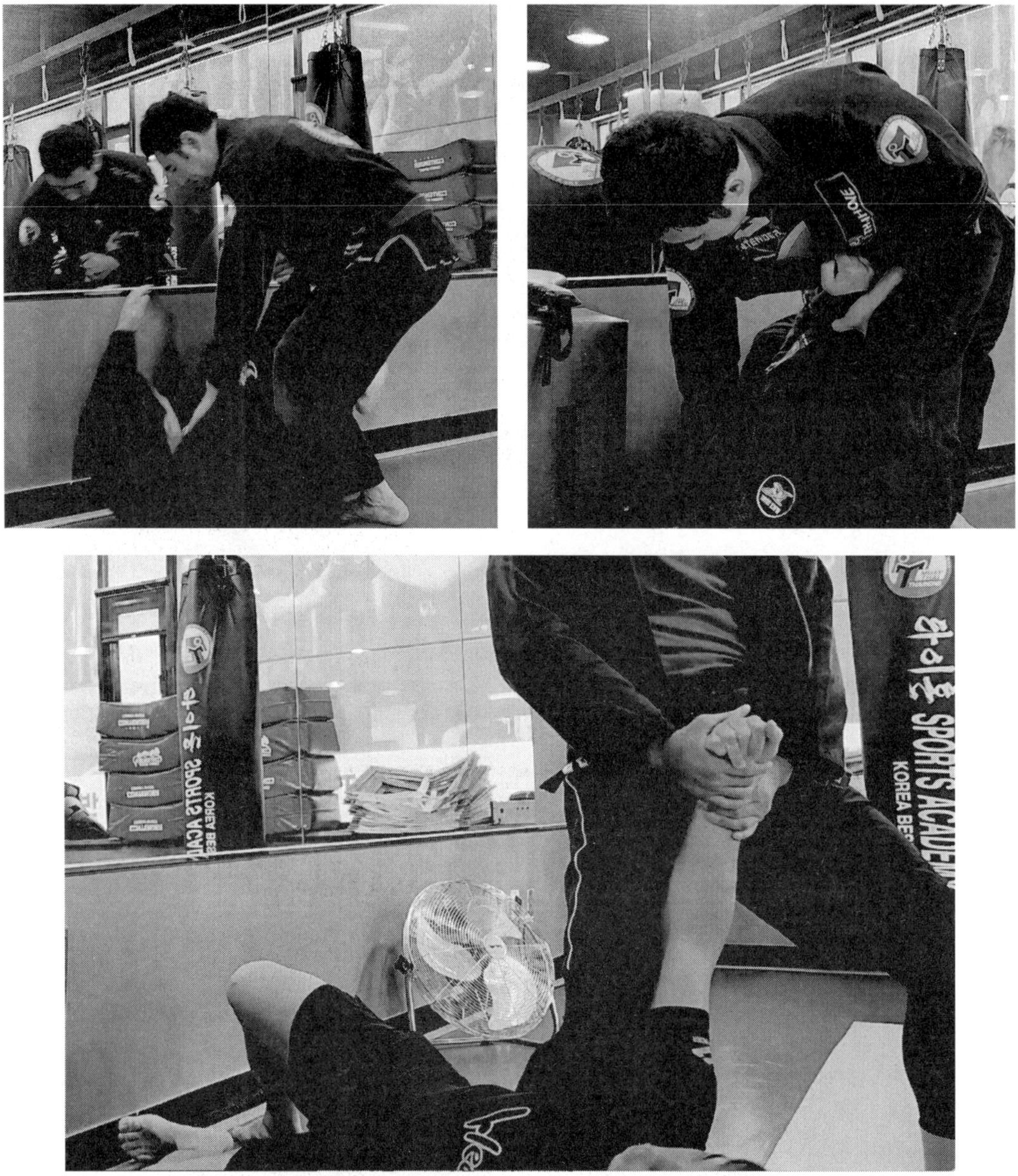

05

넘어뜨리면서 자연스럽게 따라가 무릎을 겨드랑이에 놓고 팔을 잡아 당기며 제압한다. (제압시 팔을 놓치지 않도록 주의해야 한다.)

12. 몸 위에 올라타서 무차별 펀치 공격의 대응

01
몸위에 올라타서 무차별 폭행을 하는 경우 손을 올려 가드를 하고 다리를 접어 세워 힙 브릿지(엉덩이를 들어올릴) 준비를 한다.

02
힙 브릿지로 상대방이 양손을 바닥에 대고 버티게 만든다.

03

양손으로 한쪽 팔을 눌러 구부러지게 고정한다. 이후 고정한 팔 쪽 다리를 바깥쪽으로 위치한다.

04
고정한 팔과 바깥쪽으로 위치한 발 쪽으로 힙 브릿지(대각선으로) 하여 뒤집은 다음 상대방 양손을 함께 잡아 복부를 눌러 제압한다.

경찰관 직무집행법

[시행 2024. 9. 20.] [법률 제20374호, 2024. 3. 19., 일부개정]

경찰청(규제개혁법무담당관실) 02-3150-1192

제1조(목적) ① 이 법은 국민의 자유와 권리 및 모든 개인이 가지는 불가침의 기본적 인권을 보호하고 사회공공의 질서를 유지하기 위한 경찰관(경찰공무원만 해당한다. 이하 같다)의 직무 수행에 필요한 사항을 규정함을 목적으로 한다. 〈개정 2020. 12. 22.〉

② 이 법에 규정된 경찰관의 직권은 그 직무 수행에 필요한 최소한도에서 행사되어야 하며 남용되어서는 아니 된다.

[전문개정 2014. 5. 20.]

제2조(직무의 범위) 경찰관은 다음 각 호의 직무를 수행한다. 〈개정 2018. 4. 17., 2020. 12. 22.〉

1. 국민의 생명·신체 및 재산의 보호
2. 범죄의 예방·진압 및 수사

2의2. 범죄피해자 보호

3. 경비, 주요 인사(人士) 경호 및 대간첩·대테러 작전 수행
4. 공공안녕에 대한 위험의 예방과 대응을 위한 정보의 수집·작성 및 배포
5. 교통 단속과 교통 위해(危害)의 방지
6. 외국 정부기관 및 국제기구와의 국제협력
7. 그 밖에 공공의 안녕과 질서 유지

[전문개정 2014. 5. 20.]

제3조(불심검문) ① 경찰관은 다음 각 호의 어느 하나에 해당하는 사람을 정지시켜 질문할 수 있다.

1. 수상한 행동이나 그 밖의 주위 사정을 합리적으로 판단하여 볼 때 어떠한 죄를 범하였거나 범하려 하고 있다고 의심할 만한 상당한 이유가 있는 사람

2. 이미 행하여진 범죄나 행하여지려고 하는 범죄행위에 관한 사실을 안다고 인정되는 사람

② 경찰관은 제1항에 따라 같은 항 각 호의 사람을 정지시킨 장소에서 질문을 하는 것이 그 사람에게 불리하거나 교통에 방해가 된다고 인정될 때에는 질문을 하기 위하여 가까운 경찰서 · 지구대 · 파출소 또는 출장소(지방해양경찰관서를 포함하며, 이하 "경찰관서"라 한다)로 동행할 것을 요구할 수 있다. 이 경우 동행을 요구받은 사람은 그 요구를 거절할 수 있다. 〈개정 2014. 11. 19., 2017. 7. 26.〉

③ 경찰관은 제1항 각 호의 어느 하나에 해당하는 사람에게 질문을 할 때에 그 사람이 흉기를 가지고 있는지를 조사할 수 있다.

④ 경찰관은 제1항이나 제2항에 따라 질문을 하거나 동행을 요구할 경우 자신의 신분을 표시하는 증표를 제시하면서 소속과 성명을 밝히고 질문이나 동행의 목적과 이유를 설명하여야 하며, 동행을 요구하는 경우에는 동행 장소를 밝혀야 한다.

⑤ 경찰관은 제2항에 따라 동행한 사람의 가족이나 친지 등에게 동행한 경찰관의 신분, 동행 장소, 동행 목적과 이유를 알리거나 본인으로 하여금 즉시 연락할 수 있는 기회를 주어야 하며, 변호인의 도움을 받을 권리가 있음을 알려야 한다.

⑥ 경찰관은 제2항에 따라 동행한 사람을 6시간을 초과하여 경찰관서에 머물게 할 수 없다.

⑦ 제1항부터 제3항까지의 규정에 따라 질문을 받거나 동행을 요구받은 사람은 형사소송에 관한 법률에 따르지 아니하고는 신체를 구속당하지 아니하며, 그 의사에 반하여 답변을 강요당하지 아니한다.

[전문개정 2014. 5. 20.]

제4조(보호조치 등) ① 경찰관은 수상한 행동이나 그 밖의 주위 사정을 합리적으로 판단해 볼 때 다음 각 호의 어느 하나에 해당하는 것이 명백하고 응급구호가 필요하다고 믿을 만한 상당한 이유가 있는 사람(이하 "구호대상자"라 한다)을 발견하였을 때에는 보건의료기관이나 공공구호기관에 긴급구호를 요청하거나 경찰관서에 보호하는 등 적절한 조치를 할 수 있다.

1. 정신착란을 일으키거나 술에 취하여 자신 또는 다른 사람의 생명 · 신체 · 재산에 위

해를 끼칠 우려가 있는 사람
2. 자살을 시도하는 사람
3. 미아, 병자, 부상자 등으로서 적당한 보호자가 없으며 응급구호가 필요하다고 인정되는 사람. 다만, 본인이 구호를 거절하는 경우는 제외한다.

② 제1항에 따라 긴급구호를 요청받은 보건의료기관이나 공공구호기관은 정당한 이유 없이 긴급구호를 거절할 수 없다.

③ 경찰관은 제1항의 조치를 하는 경우에 구호대상자가 휴대하고 있는 무기·흉기 등 위험을 일으킬 수 있는 것으로 인정되는 물건을 경찰관서에 임시로 영치(領置)하여 놓을 수 있다.

④ 경찰관은 제1항의 조치를 하였을 때에는 지체 없이 구호대상자의 가족, 친지 또는 그 밖의 연고자에게 그 사실을 알려야 하며, 연고자가 발견되지 아니할 때에는 구호대상자를 적당한 공공보건의료기관이나 공공구호기관에 즉시 인계하여야 한다.

⑤ 경찰관은 제4항에 따라 구호대상자를 공공보건의료기관이나 공공구호기관에 인계하였을 때에는 즉시 그 사실을 소속 경찰서장이나 해양경찰서장에게 보고하여야 한다. 〈개정 2014. 11. 19., 2017. 7. 26.〉

⑥ 제5항에 따라 보고를 받은 소속 경찰서장이나 해양경찰서장은 대통령령으로 정하는 바에 따라 구호대상자를 인계한 사실을 지체 없이 해당 공공보건의료기관 또는 공공구호기관의 장 및 그 감독행정청에 통보하여야 한다. 〈개정 2014. 11. 19., 2017. 7. 26.〉

⑦ 제1항에 따라 구호대상자를 경찰관서에서 보호하는 기간은 24시간을 초과할 수 없고, 제3항에 따라 물건을 경찰관서에 임시로 영치하는 기간은 10일을 초과할 수 없다. [전문개정 2014. 5. 20.]

제5조(위험 발생의 방지 등) ① 경찰관은 사람의 생명 또는 신체에 위해를 끼치거나 재산에 중대한 손해를 끼칠 우려가 있는 천재(天災), 사변(事變), 인공구조물의 파손이나 붕괴, 교통사고, 위험물의 폭발, 위험한 동물 등의 출현, 극도의 혼잡, 그 밖의 위험한 사태가 있을 때에는 다음 각 호의 조치를 할 수 있다.
1. 그 장소에 모인 사람, 사물(事物)의 관리자, 그 밖의 관계인에게 필요한 경고를 하는 것

2. 매우 긴급한 경우에는 위해를 입을 우려가 있는 사람을 필요한 한도에서 억류하거나 피난시키는 것
3. 그 장소에 있는 사람, 사물의 관리자, 그 밖의 관계인에게 위해를 방지하기 위하여 필요하다고 인정되는 조치를 하게 하거나 직접 그 조치를 하는 것

② 경찰관서의 장은 대간첩 작전의 수행이나 소요(騷擾) 사태의 진압을 위하여 필요하다고 인정되는 상당한 이유가 있을 때에는 대간첩 작전지역이나 경찰관서·무기고 등 국가중요시설에 대한 접근 또는 통행을 제한하거나 금지할 수 있다.

③ 경찰관은 제1항의 조치를 하였을 때에는 지체 없이 그 사실을 소속 경찰관서의 장에게 보고하여야 한다.

④ 제2항의 조치를 하거나 제3항의 보고를 받은 경찰관서의 장은 관계 기관의 협조를 구하는 등 적절한 조치를 하여야 한다.

[전문개정 2014. 5. 20.]

제5조(위험 발생의 방지 등) ① 경찰관은 사람의 생명 또는 신체에 위해를 끼치거나 재산에 중대한 손해를 끼칠 우려가 있는 천재(天災), 사변(事變), 인공구조물의 파손이나 붕괴, 교통사고, 위험물의 폭발, 위험한 동물 등의 출현, 극도의 혼잡, 그 밖의 위험한 사태가 있을 때에는 다음 각 호의 조치를 할 수 있다. 〈개정 2025. 8. 14.〉

1. 그 장소에 모인 사람, 사물(事物)의 관리자, 그 밖의 관계인에게 필요한 경고를 하는 것
2. 긴급한 경우에는 위해를 입을 우려가 있는 사람을 필요한 한도에서 이동을 제한하거나 대피시키는 것
3. 위험한 상황의 원인을 제공한 사람을 그 장소에서 퇴거시키거나 그 장소에의 접근을 금지시키는 것
4. 그 장소에 있는 사람, 사물의 관리자, 그 밖의 관계인에게 위해를 방지하기 위하여 필요하다고 인정되는 조치를 하게 하거나 직접 그 조치를 하는 것

② 경찰관서의 장은 대간첩 작전의 수행이나 소요(騷擾) 사태의 진압을 위하여 필요하다고 인정되는 상당한 이유가 있을 때에는 대간첩 작전지역이나 경찰관서·무기고 등 국가중요시설에 대한 접근 또는 통행을 제한하거나 금지할 수 있다.

③ 경찰관은 제1항의 조치를 하였을 때에는 지체 없이 그 사실을 소속 경찰관서의 장에

게 보고하여야 한다.

④ 제2항의 조치를 하거나 제3항의 보고를 받은 경찰관서의 장은 관계 기관의 협조를 구하는 등 적절한 조치를 하여야 한다.

[전문개정 2014. 5. 20.]

[시행일: 2025. 11. 15.] 제5조

제6조(범죄의 예방과 제지) 경찰관은 범죄행위가 목전(目前)에 행하여지려고 하고 있다고 인정될 때에는 이를 예방하기 위하여 관계인에게 필요한 경고를 하고, 그 행위로 인하여 사람의 생명·신체에 위해를 끼치거나 재산에 중대한 손해를 끼칠 우려가 있는 긴급한 경우에는 그 행위를 제지할 수 있다.

[전문개정 2014. 5. 20.]

제7조(위험 방지를 위한 출입) ① 경찰관은 제5조제1항·제2항 및 제6조에 따른 위험한 사태가 발생하여 사람의 생명·신체 또는 재산에 대한 위해가 임박한 때에 그 위해를 방지하거나 피해자를 구조하기 위하여 부득이하다고 인정하면 합리적으로 판단하여 필요한 한도에서 다른 사람의 토지·건물·배 또는 차에 출입할 수 있다.

② 흥행장(興行場), 여관, 음식점, 역, 그 밖에 많은 사람이 출입하는 장소의 관리자나 그에 준하는 관계인은 경찰관이 범죄나 사람의 생명·신체·재산에 대한 위해를 예방하기 위하여 해당 장소의 영업시간이나 해당 장소가 일반인에게 공개된 시간에 그 장소에 출입하겠다고 요구하면 정당한 이유 없이 그 요구를 거절할 수 없다.

③ 경찰관은 대간첩 작전 수행에 필요할 때에는 작전지역에서 제2항에 따른 장소를 검색할 수 있다.

④ 경찰관은 제1항부터 제3항까지의 규정에 따라 필요한 장소에 출입할 때에는 그 신분을 표시하는 증표를 제시하여야 하며, 함부로 관계인이 하는 정당한 업무를 방해해서는 아니 된다.

[전문개정 2014. 5. 20.]

제8조(사실의 확인 등) ① 경찰관서의 장은 직무 수행에 필요하다고 인정되는 상당한 이유가 있을 때에는 국가기관이나 공사(公私) 단체 등에 직무 수행에 관련된 사실을 조회할 수 있다. 다만, 긴급한 경우에는 소속 경찰관으로 하여금 현장에 나가 해당 기관 또는 단체의 장의 협조를 받아 그 사실을 확인하게 할 수 있다.

② 경찰관은 다음 각 호의 직무를 수행하기 위하여 필요하면 관계인에게 출석하여야 하는 사유·일시 및 장소를 명확히 적은 출석 요구서를 보내 경찰관서에 출석할 것을 요구할 수 있다.

1. 미아를 인수할 보호자 확인
2. 유실물을 인수할 권리자 확인
3. 사고로 인한 사상자(死傷者) 확인
4. 행정처분을 위한 교통사고 조사에 필요한 사실 확인

[전문개정 2014. 5. 20.]

제8조의2(정보의 수집 등) ① 경찰관은 범죄·재난·공공갈등 등 공공안녕에 대한 위험의 예방과 대응을 위한 정보의 수집·작성·배포와 이에 수반되는 사실의 확인을 할 수 있다.

② 제1항에 따른 정보의 구체적인 범위와 처리 기준, 정보의 수집·작성·배포에 수반되는 사실의 확인 절차와 한계는 대통령령으로 정한다.

[본조신설 2020. 12. 22.]

[종전 제8조의2는 제8조의3으로 이동 〈2020. 12. 22.〉]

제8조의3(국제협력) 경찰청장 또는 해양경찰청장은 이 법에 따른 경찰관의 직무수행을 위하여 외국 정부기관, 국제기구 등과 자료 교환, 국제협력 활동 등을 할 수 있다. 〈개정 2014. 11. 19., 2017. 7. 26.〉

[본조신설 2014. 5. 20.]

[제8조의2에서 이동 〈2020. 12. 22.〉]

제9조(유치장) 법률에서 정한 절차에 따라 체포·구속된 사람 또는 신체의 자유를 제한하는 판결이나 처분을 받은 사람을 수용하기 위하여 경찰서와 해양경찰서에 유치장을 둔다. 〈개정 2014. 11. 19., 2017. 7. 26.〉

[전문개정 2014. 5. 20.]

제10조(경찰장비의 사용 등) ① 경찰관은 직무수행 중 경찰장비를 사용할 수 있다. 다만, 사람의 생명이나 신체에 위해를 끼칠 수 있는 경찰장비(이하 이 조에서 "위해성 경찰장비"라 한다)를 사용할 때에는 필요한 안전교육과 안전검사를 받은 후 사용하여야 한다.

② 제1항 본문에서 "경찰장비"란 무기, 경찰장구(警察裝具), 경찰착용기록장치, 최루제(催淚劑)와 그 발사장치, 살수차, 감식기구(鑑識機具), 해안 감시기구, 통신기기, 차량·선박·항공기 등 경찰이 직무를 수행할 때 필요한 장치와 기구를 말한다. 〈개정 2024. 1. 30.〉

③ 경찰관은 경찰장비를 함부로 개조하거나 경찰장비에 임의의 장비를 부착하여 일반적인 사용법과 달리 사용함으로써 다른 사람의 생명·신체에 위해를 끼쳐서는 아니 된다.

④ 위해성 경찰장비는 필요한 최소한도에서 사용하여야 한다.

⑤ 경찰청장은 위해성 경찰장비를 새로 도입하려는 경우에는 대통령령으로 정하는 바에 따라 안전성 검사를 실시하여 그 안전성 검사의 결과보고서를 국회 소관 상임위원회에 제출하여야 한다. 이 경우 안전성 검사에는 외부 전문가를 참여시켜야 한다.

⑥ 위해성 경찰장비의 종류 및 그 사용기준, 안전교육·안전검사의 기준 등은 대통령령으로 정한다.

[전문개정 2014. 5. 20.]

제10조의2(경찰장구의 사용) ① 경찰관은 다음 각 호의 직무를 수행하기 위하여 필요하다고 인정되는 상당한 이유가 있을 때에는 그 사태를 합리적으로 판단하여 필요한 한도에서 경찰장구를 사용할 수 있다.

1. 현행범이나 사형·무기 또는 장기 3년 이상의 징역이나 금고에 해당하는 죄를 범한 범인의 체포 또는 도주 방지
2. 자신이나 다른 사람의 생명·신체의 방어 및 보호
3. 공무집행에 대한 항거(抗拒) 제지

② 제1항에서 "경찰장구"란 경찰관이 휴대하여 범인 검거와 범죄 진압 등의 직무 수행에 사용하는 수갑, 포승(捕繩), 경찰봉, 방패 등을 말한다.

[전문개정 2014. 5. 20.]

제10조의3(분사기 등의 사용) 경찰관은 다음 각 호의 직무를 수행하기 위하여 부득이한 경우에는 현장책임자가 판단하여 필요한 최소한의 범위에서 분사기(「총포·도검·화약류 등의 안전관리에 관한 법률」에 따른 분사기를 말하며, 그에 사용하는 최루 등의 작용제를 포함한다. 이하 같다) 또는 최루탄을 사용할 수 있다. 〈개정 2015. 1. 6.〉

1. 범인의 체포 또는 범인의 도주 방지
2. 불법집회·시위로 인한 자신이나 다른 사람의 생명·신체와 재산 및 공공시설 안전에 대한 현저한 위해의 발생 억제

[전문개정 2014. 5. 20.]

제10조의4(무기의 사용) ① 경찰관은 범인의 체포, 범인의 도주 방지, 자신이나 다른 사람의 생명·신체의 방어 및 보호, 공무집행에 대한 항거의 제지를 위하여 필요하다고 인정되는 상당한 이유가 있을 때에는 그 사태를 합리적으로 판단하여 필요한 한도에서 무기를 사용할 수 있다. 다만, 다음 각 호의 어느 하나에 해당할 때를 제외하고는 사람에게 위해를 끼쳐서는 아니 된다.

1. 「형법」에 규정된 정당방위와 긴급피난에 해당할 때
2. 다음 각 목의 어느 하나에 해당하는 때에 그 행위를 방지하거나 그 행위자를 체포하기 위하여 무기를 사용하지 아니하고는 다른 수단이 없다고 인정되는 상당한 이유가 있을 때

   가. 사형·무기 또는 장기 3년 이상의 징역이나 금고에 해당하는 죄를 범하거나 범하였다고 의심할 만한 충분한 이유가 있는 사람이 경찰관의 직무집행에 항거하거나 도주하려고 할 때

   나. 체포·구속영장과 압수·수색영장을 집행하는 과정에서 경찰관의 직무집행에 항거하거나 도주하려고 할 때

   다. 제3자가 가목 또는 나목에 해당하는 사람을 도주시키려고 경찰관에게 항거할 때

   라. 범인이나 소요를 일으킨 사람이 무기·흉기 등 위험한 물건을 지니고 경찰관으로부터 3회 이상 물건을 버리라는 명령이나 항복하라는 명령을 받고도 따르지 아

니하면서 계속 항거할 때

3. 대간첩 작전 수행 과정에서 무장간첩이 항복하라는 경찰관의 명령을 받고도 따르지 아니할 때

② 제1항에서 "무기"란 사람의 생명이나 신체에 위해를 끼칠 수 있도록 제작된 권총·소총·도검 등을 말한다.

③ 대간첩·대테러 작전 등 국가안전에 관련되는 작전을 수행할 때에는 개인화기(個人火器) 외에 공용화기(共用火器)를 사용할 수 있다.

[전문개정 2014. 5. 20.]

제10조의5(경찰착용기록장치의 사용) ① 경찰관은 다음 각 호의 어느 하나에 해당하는 직무 수행을 위하여 필요한 경우에는 필요한 최소한의 범위에서 경찰착용기록장치를 사용할 수 있다.

1. 경찰관이 「형사소송법」 제200조의2, 제200조의3, 제201조 또는 제212조에 따라 피의자를 체포 또는 구속하는 경우
2. 범죄 수사를 위하여 필요한 경우로서 다음 각 목의 요건을 모두 갖춘 경우
   가. 범행 중이거나 범행 직전 또는 직후일 것
   나. 증거보전의 필요성 및 긴급성이 있을 것
3. 제5조제1항에 따른 인공구조물의 파손이나 붕괴 등의 위험한 사태가 발생한 경우
4. 경찰착용기록장치에 기록되는 대상자(이하 이 조에서 "기록대상자"라 한다)로부터 그 기록의 요청 또는 동의를 받은 경우
5. 제4조제1항 각 호에 해당하는 것이 명백하고 응급구호가 필요하다고 믿을 만한 상당한 이유가 있는 경우
6. 제6조에 따라 사람의 생명·신체에 위해를 끼치거나 재산에 중대한 손해를 끼칠 우려가 있는 범죄행위를 긴급하게 예방 및 제지하는 경우
7. 경찰관이 「해양경비법」 제12조 또는 제13조에 따라 해상검문검색 또는 추적·나포하는 경우
8. 경찰관이 「수상에서의 수색·구조 등에 관한 법률」에 따라 같은 법 제2조제4호의 수난구호 업무 시 수색 또는 구조를 하는 경우

9. 그 밖에 제1호부터 제8호까지에 준하는 경우로서 대통령령으로 정하는 경우

② 이 법에서 "경찰착용기록장치"란 경찰관이 신체에 착용 또는 휴대하여 직무수행 과정을 근거리에서 영상·음성으로 기록할 수 있는 기록장치 또는 그 밖에 이와 유사한 기능을 갖춘 기계장치를 말한다.

[본조신설 2024. 1. 30.]

제10조의6(경찰착용기록장치의 사용 고지 등) ① 경찰관이 경찰착용기록장치를 사용하여 기록하는 경우로서 이동형 영상정보처리기기로 사람 또는 그 사람과 관련된 사물의 영상을 촬영하는 때에는 불빛, 소리, 안내판 등 대통령령으로 정하는 바에 따라 촬영 사실을 표시하고 알려야 한다.

② 제1항에도 불구하고 제10조의5제1항 각 호에 따른 경우로서 불가피하게 고지가 곤란한 경우에는 제3항에 따라 영상음성기록을 전송·저장하는 때에 그 고지를 못한 사유를 기록하는 것으로 대체할 수 있다.

③ 경찰착용기록장치로 기록을 마친 영상음성기록은 지체 없이 제10조의7에 따른 영상음성기록정보 관리체계를 이용하여 영상음성기록정보 데이터베이스에 전송·저장하도록 하여야 하며, 영상음성기록을 임의로 편집·복사하거나 삭제하여서는 아니 된다.

④ 그 밖에 경찰착용기록장치의 사용기준 및 관리 등에 필요한 사항은 대통령령으로 정한다.

[본조신설 2024. 1. 30.]

제10조의7(영상음성기록정보 관리체계의 구축·운영) 경찰청장 및 해양경찰청장은 경찰착용기록장치로 기록한 영상·음성을 저장하고 데이터베이스로 관리하는 영상음성기록정보 관리체계를 구축·운영하여야 한다.

[본조신설 2024. 1. 30.]

제11조(사용기록의 보관) 제10조제2항에 따른 살수차, 제10조의3에 따른 분사기, 최루탄 또는 제10조의4에 따른 무기를 사용하는 경우 그 책임자는 사용 일시·장소·대상, 현장책임자, 종류, 수량 등을 기록하여 보관하여야 한다.

[전문개정 2014. 5. 20.]

제11조의2(손실보상) ① 국가는 경찰관의 적법한 직무집행으로 인하여 다음 각 호의 어느 하나에 해당하는 손실을 입은 자에 대하여 정당한 보상을 하여야 한다. 〈개정 2018. 12. 24.〉

1. 손실발생의 원인에 대하여 책임이 없는 자가 생명 · 신체 또는 재산상의 손실을 입은 경우(손실발생의 원인에 대하여 책임이 없는 자가 경찰관의 직무집행에 자발적으로 협조하거나 물건을 제공하여 생명 · 신체 또는 재산상의 손실을 입은 경우를 포함한다)
2. 손실발생의 원인에 대하여 책임이 있는 자가 자신의 책임에 상응하는 정도를 초과하는 생명 · 신체 또는 재산상의 손실을 입은 경우

② 제1항에 따른 보상을 청구할 수 있는 권리는 손실이 있음을 안 날부터 3년, 손실이 발생한 날부터 5년간 행사하지 아니하면 시효의 완성으로 소멸한다.

③ 제1항에 따른 손실보상신청 사건을 심의하기 위하여 손실보상심의위원회를 둔다.

④ 경찰청장, 해양경찰청장, 시 · 도경찰청장 또는 지방해양경찰청장은 제3항의 손실보상심의위원회의 심의 · 의결에 따라 보상금을 지급하고, 거짓 또는 부정한 방법으로 보상금을 받은 사람에 대하여는 해당 보상금을 환수하여야 한다. 〈개정 2018. 12. 24., 2020. 12. 22., 2024. 3. 19.〉

⑤ 보상금이 지급된 경우 손실보상심의위원회는 대통령령으로 정하는 바에 따라 국가경찰위원회 또는 해양경찰위원회에 심사자료와 결과를 보고하여야 한다. 이 경우 국가경찰위원회 또는 해양경찰위원회는 손실보상의 적법성 및 적정성 확인을 위하여 필요한 자료의 제출을 요구할 수 있다. 〈신설 2018. 12. 24., 2020. 12. 22., 2024. 3. 19.〉

⑥ 경찰청장, 해양경찰청장, 시 · 도경찰청장 또는 지방해양경찰청장은 제4항에 따라 보상금을 반환하여야 할 사람이 대통령령으로 정한 기한까지 그 금액을 납부하지 아니한 때에는 국세강제징수의 예에 따라 징수할 수 있다. 〈신설 2018. 12. 24., 2020. 12. 22., 2024. 3. 19.〉

⑦ 제1항에 따른 손실보상의 기준, 보상금액, 지급 절차 및 방법, 제3항에 따른 손실보상심의위원회의 구성 및 운영, 제4항 및 제6항에 따른 환수절차, 그 밖에 손실보상에 관하여 필요한 사항은 대통령령으로 정한다. 〈신설 2018. 12. 24.〉

[본조신설 2013. 4. 5.]

제11조의3(범인검거 등 공로자 보상) ① 경찰청장, 해양경찰청장, 시·도경찰청장, 지방해양경찰청장, 경찰서장 또는 해양경찰서장(이하 이 조에서 "경찰청장등"이라 한다)은 다음 각 호의 어느 하나에 해당하는 사람에게 보상금을 지급할 수 있다. 〈개정 2020. 12. 22., 2024. 3. 19.〉

1. 범인 또는 범인의 소재를 신고하여 검거하게 한 사람
2. 범인을 검거하여 경찰공무원에게 인도한 사람
3. 테러범죄의 예방활동에 현저한 공로가 있는 사람
4. 그 밖에 제1호부터 제3호까지의 규정에 준하는 사람으로서 대통령령으로 정하는 사람

② 경찰청장등은 제1항에 따른 보상금 지급의 심사를 위하여 대통령령으로 정하는 바에 따라 각각 보상금심사위원회를 설치·운영하여야 한다. 〈개정 2020. 12. 22., 2024. 3. 19.〉

③ 제2항에 따른 보상금심사위원회는 위원장 1명을 포함한 5명 이내의 위원으로 구성한다.

④ 제2항에 따른 보상금심사위원회의 위원은 소속 경찰공무원 중에서 경찰청장등이 임명한다. 〈개정 2020. 12. 22., 2024. 3. 19.〉

⑤ 경찰청장등은 제2항에 따른 보상금심사위원회의 심사·의결에 따라 보상금을 지급하고, 거짓 또는 부정한 방법으로 보상금을 받은 사람에 대하여는 해당 보상금을 환수한다. 〈개정 2020. 12. 22., 2024. 3. 19.〉

⑥ 경찰청장등은 제5항에 따라 보상금을 반환하여야 할 사람이 대통령령으로 정한 기한까지 그 금액을 납부하지 아니한 때에는 국세강제징수의 예에 따라 징수할 수 있다. 〈개정 2018. 12. 24., 2020. 12. 22., 2024. 3. 19.〉

⑦ 제1항에 따른 보상 대상, 보상금의 지급 기준 및 절차, 제2항 및 제3항에 따른 보상금심사위원회의 구성 및 심사사항, 제5항 및 제6항에 따른 환수절차, 그 밖에 보상금 지급에 관하여 필요한 사항은 대통령령으로 정한다. 〈신설 2018. 12. 24.〉

[본조신설 2016. 1. 27.]

[제목개정 2018. 12. 24.]

제11조의4(소송 지원) 경찰청장과 해양경찰청장은 경찰관이 제2조 각 호에 따른 직무의 수행으로 인하여 민·형사상 책임과 관련된 소송을 수행할 경우 변호인 선임 등 소송 수행에 필요한 지원을 할 수 있다.
[본조신설 2021. 10. 19.]

제11조의5(직무 수행으로 인한 형의 감면) 다음 각 호의 범죄가 행하여지려고 하거나 행하여지고 있어 타인의 생명·신체에 대한 위해 발생의 우려가 명백하고 긴급한 상황에서, 경찰관이 그 위해를 예방하거나 진압하기 위한 행위 또는 범인의 검거 과정에서 경찰관을 향한 직접적인 유형력 행사에 대응하는 행위를 하여 그로 인하여 타인에게 피해가 발생한 경우, 그 경찰관의 직무수행이 불가피한 것이고 필요한 최소한의 범위에서 이루어졌으며 해당 경찰관에게 고의 또는 중대한 과실이 없는 때에는 그 정상을 참작하여 형을 감경하거나 면제할 수 있다.

1. 「형법」 제2편제24장 살인의 죄, 제25장 상해와 폭행의 죄, 제32장 강간과 추행의 죄 중 강간에 관한 범죄, 제38장 절도와 강도의 죄 중 강도에 관한 범죄 및 이에 대하여 다른 법률에 따라 가중처벌하는 범죄
2. 「가정폭력범죄의 처벌 등에 관한 특례법」에 따른 가정폭력범죄, 「아동학대범죄의 처벌 등에 관한 특례법」에 따른 아동학대범죄

[본조신설 2022. 2. 3.]

제12조(벌칙) 이 법에 규정된 경찰관의 의무를 위반하거나 직권을 남용하여 다른 사람에게 해를 끼친 사람은 1년 이하의 징역이나 금고 또는 300만원 이하의 벌금에 처한다. 〈개정 2024. 1. 30.〉
[전문개정 2014. 5. 20.]

제13조 삭제 〈2014. 5. 20.〉

부칙 〈제20374호, 2024. 3. 19.〉

제1조(시행일) 이 법은 공포 후 6개월이 경과한 날부터 시행한다.

제2조(다른 법률의 개정) 제주특별자치도 설치 및 국제자유도시 조성을 위한 특별법 일부를 다음과 같이 개정한다.

제96조제2항제2호 중 “”경찰청장 또는 시·도경찰청장“”을 “”경찰청장, 해양경찰청장, 시·도경찰청장 또는 지방해양경찰청장“”으로, “”국가경찰위원회“”를 “”국가경찰위원회 또는 해양경찰위원회“”로, “”국세 체납처분의 예“”를 “”국세강제징수의 예“”로 한다.

경찰 물리력 행사의 기준과 방법에 관한 규칙

[시행 2019. 11. 24.] [경찰청예규 제550호, 2019. 7. 18., 일부개정.]

경찰청(혁신기획조정담당관), 02-3150-1116

제1장 총 칙

1.1. 목적

이 규칙은 경찰관이 물리력 사용 시 준수하여야 할 기본원칙, 물리력 사용의 정도, 각 물리력 수단의 사용 한계 및 유의사항을 규정함으로써 국민과 경찰관의 생명·신체를 보호하고 인권을 보장하며 경찰 법집행의 정당성을 확보하는 데에 그 목적이 있다.

1.2. 경찰 물리력의 정의

경찰 물리력이란 범죄의 예방과 제지, 범인 체포 또는 도주 방지, 자신이나 다른 사람의 생명·신체 방어 및 보호, 공무집행에 대한 항거 제지 등 경찰목적을 달성하기 위해 경찰권발동의 대상자(이하 '대상자')에 대해 행해지는 일체의 신체적, 도구적 접촉(경찰관의 현장 임장, 언어적 통제 등 직접적인 신체 접촉 전 단계의 행위들도 포함한다)을 말한다.

1.3. 경찰 물리력 사용 3대 원칙

경찰관은 경찰목적을 실현함에 있어 적합하고 필요하며 상당한 수단을 선택함으로써 그 목적과 수단 사이에 합리적인 비례관계가 유지되도록 하여야 하며, 특히 물리력을 사용할 필요가 있는 경우 다음 원칙을 준수하여야 한다.

1.3.1. 객관적 합리성의 원칙

경찰관은 자신이 처해있는 사실과 상황에 비추어 합리적인 현장 경찰관의 관점에서 가장 적절한 물리력을 사용하여야 하며, 이를 위해 범죄의 종류, 피해의 경중, 위해의 급박성, 저항의 강약, 대상자와 경찰관의 수, 대상자가 소지한 무기의 종류 및 무기 사용의 태양, 대상자의 신체 및 건강 상태, 도주여부, 현장 주변의 상황 등을 종합적으로 고려하여야 한다.

1.3.2. 대상자 행위와 물리력 간 상응의 원칙

경찰관은 대상자의 행위에 따른 위해의 수준을 계속 평가·판단하여 필요최소한의 수준으로 물리력을 높이거나 낮추어서 사용하여야 한다.

1.3.3. 위해감소노력 우선의 원칙

경찰관은 현장상황이 안전하고 시간적 여유가 있는 경우에는 대상자가 야기하는 위해 수준을 떨어뜨려 보다 덜 위험한 물리력을 통해 상황을 종결시킬 수 있도록 노력하여야 한다. 다만, 이러한 노력이 오히려 상황을 악화시킬 가능성이 있거나 급박한 경우에는 이 원칙을 적용하지 않을 수 있다.

1.4. 경찰 물리력 사용 시 유의사항

1.4.1. 경찰관은 경찰청이 공인한 물리력 수단을 사용하여야 한다.

1.4.2. 경찰관은 성별, 장애, 인종, 종교 및 성정체성 등에 대한 선입견을 가지고 차별적으로 물리력을 사용하여서는 아니 된다.

1.4.3. 경찰관은 대상자의 신체 및 건강상태, 장애유형 등을 고려하여 물리력을 사용하여야 한다.

1.4.4. 경찰관은 이미 경찰목적을 달성하여 더 이상 물리력을 사용할 필요가 없는 경우에는 물리력 사용을 즉시 중단하여야 한다.

1.4.5. 경찰관은 대상자를 징벌하거나 복수할 목적으로 물리력을 사용하여서는 아니 된다.

1.4.6. 경찰관은 오직 상황의 빠른 종결이나, 직무수행의 편의를 위한 목적으로 물리력을 사용하여서는 아니 된다.

제2장 대상자 행위와 경찰 물리력 사용의 정도

2.1. 대상자 행위

대상자가 경찰관 또는 제3자에 대해 보일 수 있는 행위는 그 위해의 정도에 따라 ① 순응 ② 소극적 저항 ③ 적극적 저항 ④ 폭력적 공격 ⑤ 치명적 공격 등 다섯 단계로 구별한다.

2.1.1. 순응

대상자가 경찰관의 지시, 통제에 따르는 상태를 말한다. 다만. 대상자가 경찰관의 요구에 즉각 응하지 않고 약간의 시간만 지체하는 경우는 '순응'으로 본다.

2.1.2. 소극적 저항

대상자가 경찰관의 지시, 통제를 따르지 않고 비협조적이지만 경찰관 또는 제3자에 대해 직접적인 위해를 가하지 않는 상태를 말한다.

경찰관이 정당한 이동 명령을 발하였음에도 가만히 서있거나 앉아 있는 등 전혀 움직이지 않는 상태, 일부러 몸의 힘을 모두 빼거나, 고정된 물체를 꽉 잡고 버팀으로써 움직이지 않으려는 상태 등이 이에 해당한다.

2.1.3. 적극적 저항

대상자가 자신에 대한 경찰관의 체포·연행 등 정당한 공무집행을 방해하지만 경찰관 또는 제3자에 대해 위해 수준이 낮은 행위만을 하는 상태를 말한다.

대상자가 자신을 체포·연행하려는 경찰관으로부터 물리적으로 이탈하거나 도주하려는 행위, 체포·연행을 위해 팔을 잡으려는 경찰관의 손을 뿌리치거나, 경찰관을 밀고 잡아끄는 행위, 경찰관에게 침을 뱉거나 경찰관을 밀치는 행위 등이 이에 해당한다.

2.1.4. 폭력적 공격

대상자가 경찰관 또는 제3자에 대해 신체적 위해를 가하는 상태를 말한다.

대상자가 경찰관에게 폭력을 행사하려는 자세를 취하여 그 행사가 임박한 상태, 주먹·발 등을 사용해서 경찰관에 대해 신체적 위해를 초래하고 있거나 임박한 상태, 강한 힘으로 경찰관을 밀거나 잡아당기는 등 완력을 사용해 체포에서 벗어나려고 하는 상태 등이 이에 해당한다.

2.1.5. 치명적 공격

대상자가 경찰관 또는 제3자에 대해 사망 또는 심각한 부상을 초래할 수 있는 행위를 하는 상태를 말한다.

총기류(공기총·엽총·사제권총 등), 흉기(칼·도끼·낫 등), 둔기(망치· 쇠파이프 등)를 이용하여 경찰관, 제3자에 대해 위력을 행사하고 있거나 위해 발생이 임박한 경우, 경찰관이나 제3자의 목을 세게 조르거나 무차별 폭행하는 등 생명·신체에 대해 중대한 위해가 발생할 정도의 위험한 폭력을 행사하는 경우가 이에 해당한다.

2.2. 경찰관 대응 수준

대상자 행위에 따른 경찰관의 대응 수준은 ① 협조적 통제, ② 접촉 통제 ③저위험 물리력 ④중위험 물리력 ⑤고위험 물리력 등 다섯 단계로 구별한다.

2.2.1. 협조적 통제

'순응' 이상의 상태인 대상자에 대해 사용할 수 있는 물리력 수준으로서, 대상자의 협조를 유도하거나 협조에 따른 물리력을 말한다. 그 종류는 다음과 같다.

가. 현장 임장

나. 언어적 통제

다. 체포 등을 위한 수갑 사용

라. 안내·체포 등에 수반한 신체적 물리력

2.2.2. 접촉 통제

'소극적 저항' 이상의 상태인 대상자에 대해 사용할 수 있는 물리력 수준으로서, 대상자 신체 접촉을 통해 경찰목적 달성을 강제하지만 신체적 부상을 야기할 가능성은 극히 낮은 물리력을 말한다. 그 종류는 다음과 같다.

가. 신체 일부 잡기·밀기·잡아끌기, 쥐기·누르기·비틀기

나. 경찰봉 양 끝 또는 방패를 잡고 대상자의 신체에 안전하게 밀착한 상태에서 대상자를 특정 방향으로 밀거나 잡아당기기

2.2.3. 저위험 물리력

'적극적 저항' 이상의 상태인 대상자에 대해 사용할 수 있는 물리력 수준으로서, 대상자가 통증을 느낄 수 있으나 신체적 부상을 당할 가능성은 낮은 물리력을 말한다. 그 종류는 다음과 같다.

가. 목을 압박하여 제압하거나 관절을 꺾는 방법, 팔·다리를 이용해 움직이지 못하도록 조르는 방법, 다리를 걸거나 들쳐 매는 등 균형을 무너뜨려 넘어뜨리는 방법, 대상자가 넘어진 상태에서 움직이지 못하게 위에서 눌러 제압하는 방법

나. 분사기 사용(다른 저위험 물리력 이하의 수단으로 제압이 어렵고, 경찰관이나 대상자의 부상 등의 방지를 위해 필요한 경우)

2.2.4. 중위험 물리력

'폭력적 공격' 이상의 상태의 대상자에 대해 사용할 수 있는 물리력 수준으로서, 대상자에게 신체적 부상을 입힐 수 있으나 생명·신체에 대한 중대한 위해 발생 가능성은 낮은 물리력을 말한다. 그 종류는 다음과 같다.

가. 손바닥, 주먹, 발 등 신체부위를 이용한 가격

나. 경찰봉으로 중요부위가 아닌 신체 부위를 찌르거나 가격

다. 방패로 강하게 압박하거나 세게 미는 행위

라. 전자충격기 사용

2.2.5. 고위험 물리력

가. '치명적 공격' 상태의 대상자로 인해 경찰관 또는 제3자의 생명·신체에 급박하고 중대한 위해가 초래될 가능성이 있는 경우 최후의 수단으로 사용할 수 있는 물리력 수준으로서, 대상자의 사망 또는 심각한 부상을 초래할 수 있는 물리력을 말한다.

나. 경찰관은 대상자의 '치명적 공격' 상황에서도 현장상황이 급박하지 않은 경우에는 낮은 수준의 물리력을 우선적으로 사용하여 상황을 종결시킬 수 있도록 노력하여야 한다.

다. '고위험 물리력'의 종류는 다음과 같다.

1) 권총 등 총기류 사용

2) 경찰봉, 방패, 신체적 물리력으로 대상자의 신체 중요 부위 또는 급소 부위 가격, 대상자의 목을 강하게 조르거나 신체를 강한 힘으로 압박하는 행위

2.3. 경찰 물리력 행사 연속체

2.3.1. 비례의 원칙에 입각한 물리력 사용 한계에 대한 이해도 제고를 위해 대상자 행위에 대응한 경찰 물리력 수준을 도식화한 것을 '경찰 물리력 행사 연속체 〈그림〉'라고 한다.

〈그림〉 경찰 물리력 행사 연속체 (대상자 행위에 대응한 경찰 물리력 수준)

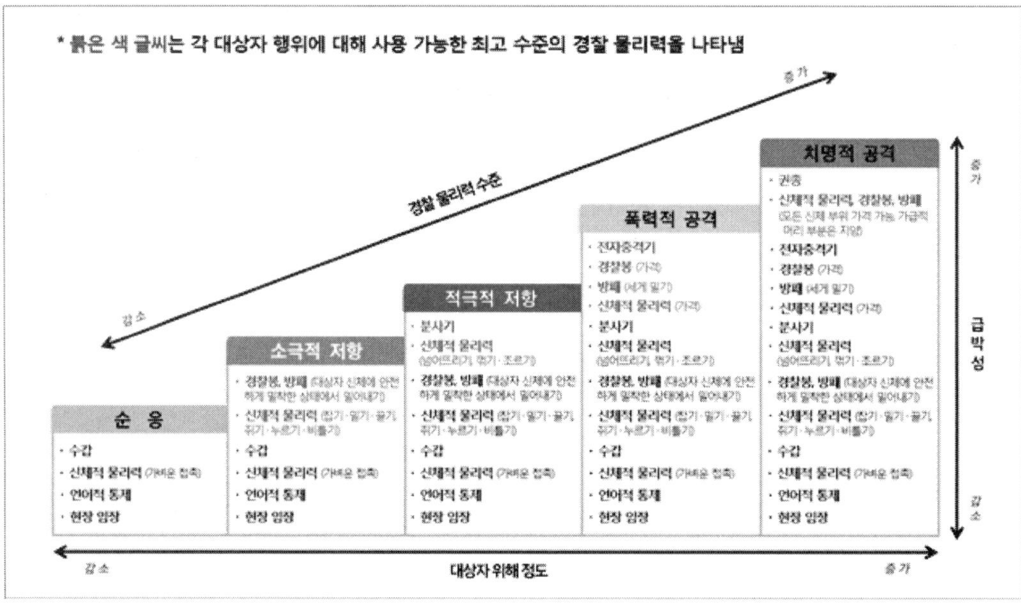

2.3.2. 경찰관은 가능한 경우 낮은 수준의 물리력부터 시작하여 물리력의 강도를 높여감으로써 상황을 안전하게 종결시키도록 하여야 한다. 다만, 급박하거나 대상자 행위의 위해 수준이 불연속적으로 급변하는 경우 경찰관 역시 그

상황에 맞는 물리력을 곧바로 사용할 수 있다.

가. (1단계 : 평가) 현장상황을 종합적으로 고려하여 대상자 행위를 '순응', '소극적 저항', '적극적 저항', '폭력적 공격', '치명적 공격' 등으로 평가

나. (2단계 : 판단) 대상자의 저항이나 공격을 제압할 수 있는 적절한 물리력 수단을 선택하되, 전체적인 현장상황이 안전하고 시간적 여유가 있는 경우 대상자가 야기하는 위해 수준을 감소시키기 위해 노력하여야 하며, 낮은 수준의 물리력 수단을 우선적으로 고려

다. (3단계 : 행동) 선택한 물리력을 사용하는 경우에도 경찰목적을 달성하는 한도 내에서 대상자에게 최소한의 침해를 가져오는 방법으로 물리력을 사용

라. (4단계 : 재평가) 이후 상황을 지속적으로 재평가하면서 대상자의 행위 및 현장 주변 상황 변화에 따라 대응 물리력 수준을 증가시키거나 감소

2.3.3. 이 연속체는 경찰관과 대상자가 대면하는 모든 상황에 기계적, 획일적으로 적용될 수 있는 것이 아니며, 실제 개별 경찰 물리력 사용 현장에서는 대상자의 행위 외에도 위해의 급박성, 대상자와 경찰관의 수·성별·체격·나이, 제3자에 대한 위해가능성, 기타 현장 주변 상황을 종합적으로 고려하여 가장 적절한 물리력을 사용하여야 한다.

제3장 개별 물리력 수단 사용 한계 및 유의사항

3.1. 현장 임장

3.1.1. 현장 임장의 정의

현장 임장은 경찰관이 대상자에게 접근하여 자신의 소속, 신분과 함께 임장의 목적과 취지를 밝혀 그에 따르도록 하는 것을 말한다. 현장 임장은 대상자의 모든 행위 유형에서 행해질 수 있다.

3.2.1. 현장 임장 시 유의사항

가. 경찰관은 현장에 임장하는 것만으로도 대상자의 순응을 이끌어 낼 수 있다는 점을 인식하여 현장 임장만으로 상황을 종결시키도록 노력하여야 한다.

나. 경찰관은 현장 임장 시 대상자 및 주변 관계자들에 의한 갑작스런 위해 발생 가능성을 염두에 두고 불시의 피습에 대한 대비, 대상자의 흉기소지 여부 확인, 대상자와의 적절한 거리 유지, 여타 경찰 물리력 사용 태세 완비 등 신변보호를 위한 적절한 조치를 취하여야 한다.

다. 경찰관은 현장 임장 시 대상자나 주변 관계자들의 감정을 자극하거나 오해를 불러 일으켜 경찰관 또는 제3자에 대한 위해로 이어지지 않도록 하여야 한다.

3.2. 언어적 통제

3.2.1. 언어적 통제의 정의

언어적 통제는 경찰관이 대상자에게 특정 행위를 유도하거나 합법적인 명령을 발하기 위해 말이나 행동으로 하는 대화, 설득, 지시, 경고 등을 말하며 대상자의 어깨를 다독이거나 손을 잡아 주는 등의 가벼운 신체적 접촉도 포함한다. 언어적 통제는 대상자의 모든 행위 유형에서 행해질 수 있다.

3.2.2. 언어적 통제 시 유의사항

가. 경찰관은 대상자에 대한 직접적인 물리력 사용 이전 언어적 통제를 통하여 상황을 종결시킬 수 있도록 노력하여야 한다. 다만, 이러한 시도가 오히려 상황을 악화시킬 가능성이 있거나 급박한 경우에는 생략할 수 있다.

나. 경찰관이 언어적 통제를 시도하는 경우 대상자가 경찰관의 지시, 경고 등에 따를 충분한 시간을 부여하여야 한다.

다. 경찰관은 언어적 통제 시 대상자가 갑자기 위해를 가하거나 도주할 것에 대비하여 여타 경찰 물리력 사용 태세를 갖추어야 한다.

라. 경찰관은 언어적 통제 시 불필요하게 대상자를 자극하여 경찰관 또는 제3자에 대한 위해로 이어지지 않도록 하여야 한다.

3.3. 신체적 물리력 사용

3.3.1. 신체적 물리력의 정의

'신체적 물리력'은 여타 무기나 경찰장구에 의존하지 않고 경찰관 자신의 신체, 체중, 근력을 활용하여 대상자를 통제하는 일련의 방법을 말한다.

3.3.2. 신체적 물리력 사용 한계 및 유의사항

가. 대상자가 '순응'하는 경우(협조적 통제)

경찰관은 '순응' 이상의 상태인 대상자를 인도 또는 안내하기 위해 대상자의 손이나 팔을 힘을 주지 않고 잡을 수 있고 어깨 등 신체 일부를 힘을 주지 않고 밀거나 잡아끌 수 있다. (다만, 임의동행하는 대상자를 인도·안내하는 경우에는 동행의 임의성이 침해되지 않도록 신체 접촉에 유의하여야 한다)

형사소송법에 따라 대상자를 체포하는 경우에는 수갑 등으로 결박하기 위해 대상자 신체 일부를 잡거나 대상자를 돌려 세울 수 있다.

나. 대상자 행위가 '소극적 저항'인 경우(접촉 통제)

경찰관은 '소극적 저항' 이상인 상태의 대상자를 통제하기 위해 손이나 팔을 힘을 주어 잡을 수 있고 대상자의 어깨 등 신체 일부를 힘을 주어 밀거나 잡아끌 수 있다.

대상자가 물체를 꽉 잡고 움직이지 않는 경우에는 대상자의 신체 일부를 쥐거나 누르거나 비틀어서 손을 떼도록 할 수 있다.

다. 대상자 행위가 '적극적 저항'인 경우(저위험 물리력)

경찰관은 '적극적 저항' 이상인 상태의 대상자에게 목을 압박하여 제압하거나 관절을 꺾는 방법, 팔·다리를 이용해 움직이지 못하도록 조르는 방법, 다리를 걸거나 들쳐 매는 등 균형을 무너뜨려 넘어뜨리는 방법, 대상자가 넘어진 상태에서 움직이지 못하게 위에서 눌러 제압하는 방법 등을 사용할 수 있다.

라. 대상자 행위가 '폭력적 공격'인 경우(중위험 물리력)

경찰관은 '폭력적 공격' 이상인 상태의 대상자에게 손바닥, 주먹, 발 등 신체 부위를 이용하여 대상자를 가격함으로써 제압할 수 있다.

또한, 현행범 체포나 긴급체포의 요건을 충족하는 대상자 또는 체포영장이 발부된 대상자가 도주하는 경우 체포를 위해 '중위험 물리력'으로 신체적 물리력을 사용할 수 있다.

마. 대상자 행위가 '치명적 공격'인 경우(고위험 물리력)

신체적 물리력 이외의 여타 모든 경찰 물리력 사용이 불가능하거나 무력화된 상태에서 형법상 정당방위 또는 긴급피난의 요건을 충족하는 경우 경찰관은 최후의 수단으로서 대상자의 신체 중요 부위 또는 급소 부위를 가격하는 방법, 대상자의 목을 강하게 조르거나 대상자의 신체를 강한 힘으로 압박하는 방법 등을 사용할 수 있다.

신체적 물리력을 '고위험 물리력'으로 사용할 수밖에 없는 불가피한 경우에는 3.9.2.항의 권총 사용 한계 가.~마.를 따른다.

3.4. 수갑 사용

3.4.1. 수갑의 정의

수갑은 대상자의 동작이 자유롭지 못하도록 대상자의 양쪽 손목에 걸쳐서 채우는 금속 재질의 장구로서 경찰청이 지급 또는 인정한 장비를 말한다.

3.4.2. 수갑 사용 한계 및 유의사항

가. 경찰관은 대상자의 언행, 현장상황 등을 종합적으로 고려하여 도주, 폭행, 소요, 자해 등의 위험이 있는 경우 수갑을 사용할 수 있으며, 그 우려가 높다고 판단되는 경우 뒷수갑을 사용할 수 있다.

나. 경찰관은 뒷수갑 상태로 대상자를 이동시키는 경우 팔짱을 끼고 동행하는 등 도주 및 안전사고 예방을 위한 적절한 조치를 취하여야 한다.

다. 경찰관은 대상자의 움직임으로 수갑이 조여지거나 일부러 조이는 행위를 예방하기 위해 수갑의 이중 잠금장치를 사용하여야 한다. 다만, 대상자의 항거 등으로 사용이 곤란한 경우에는 사용하지 않을 수 있다.

라. 경찰관은 대상자의 신체적 장애, 질병, 신체상태로 인하여 수갑을 사용하는 것이 불합리하다 판단되는 경우에는 수갑을 사용하지 않을 수 있다.

마. 경찰관은 대상자가 수갑으로 인한 고통을 호소하는 경우 수갑 착용 상태를 확인하여 재착용, 앞수갑 사용, 한손 수갑 사용 등 적절한 조치를 취하여야 한다.

바. 경찰관은 급박한 상황에서 수갑이 없거나 사용이 불가능한 경우 예외적으로 경찰혁대 등을 수갑 대용으로 사용할 수 있다.

3.5. 경찰봉 사용

3.5.1. 경찰봉의 정의

경찰봉은 강화 플라스틱, 나무 또는 금속으로 제작된 원통형 막대기로서 경찰청이 지급 또는 인정한 장비를 말한다.

3.5.2. 경찰봉 사용 한계

가. 격리도구로서의 경찰봉 사용

경찰관은 '소극적 저항' 이상인 상태의 대상자에게 경찰봉을 대상자의 신체에 안전하게 밀착한 상태로 밀거나 끌어당길 수 있다.

나. 중위험 물리력으로서의 경찰봉 사용

1) 경찰관은 '폭력적 저항' 이상인 상태의 대상자의 신체를 경찰봉으로 찌르거나 가격할 수 있다. 이 경우 가급적 대상자의 머리, 얼굴, 목, 흉부, 복부 등 신체 중요 부위를 피하여야 한다.

2) 경찰관은 현행범 또는 사형·무기 또는 장기 3년 이상의 징역이나 금고에 해당하는 죄를 범한 대상자가 도주하는 경우 체포를 위해서 경찰봉으로 찌르거나 가격할 수 있다. 이 경우 가급적 신체 중요 부위를 피하여야 한다.

다. 고위험 물리력으로서의 경찰봉 사용

1) 경찰봉 이외의 여타 모든 경찰 물리력 사용이 불가능하거나 무력화된 상태에서 형법상 정당방위 또는 긴급피난의 요건을 충족하는 경우 경찰관은 최후의 수단

으로서 경찰봉으로 대상자의 신체 중요 부위 또는 급소 부위를 찌르거나 가격할 수 있다.

2) 경찰관이 경찰봉을 '고위험 물리력'으로 사용할 수밖에 없는 불가피한 경우에는 3.9.2.항의 권총 사용 한계 가.~마.를 따른다.

3.6. 방패 사용

3.6.1. 방패의 정의

방패는 강화 플라스틱 또는 금속으로 제작된 판으로서 경찰청이 지급 또는 인정한 장비를 말한다.

3.6.2. 방패 사용 한계 및 유의사항

가. 격리도구로서의 방패 사용

경찰관은 '소극적 저항' 이상인 상태의 대상자에게 방패를 대상자의 신체에 안전하게 밀착한 상태로 밀 수 있다.

나. 중위험 물리력으로서의 방패 사용

1) 경찰관은 대상자의 '폭력적 저항' 이상인 상태의 대상자에 대해 방패로 강하게 압박 또는 세게 밀 수 있다.

2) 경찰관은 현행범 또는 사형·무기 또는 장기 3년 이상의 징역이나 금고에 해당하는 죄를 범한 범인이 도주하는 경우 체포를 위해 방패로 막거나 세게 밀 수 있다.

다. 고위험 물리력으로서의 방패 사용

1) 방패 이외의 여타 모든 경찰 물리력 사용이 불가능하거나 무력화된 상태에서 형법상 정당방위 또는 긴급피난의 요건을 충족하는 경우 경찰관은 최후의 수단으로서 방패를 '고위험 물리력'으로 활용하여 대상자의 신체를 가격할 수 있다.

2) 경찰관이 방패를 '고위험 물리력'으로 사용할 수밖에 없는 불가피한 경우에는 3.9.2.항의 권총 사용 한계 가.~마.를 따른다.

3.7. 분사기 사용

3.7.1. 분사기의 정의

분사기는 사람의 활동을 일시적으로 곤란하게 하는 최루 또는 자극 등의 작용제를 내장된 압축가스의 힘으로 분사할 수 있는 기기로서 경찰청이 지급 또는 인정한 장비를 말한다.

3.7.2. 분사기 사용 한계 및 유의사항

가. 경찰관은 '적극적 저항' 이상인 상태의 대상자에 대해 다른 저위험 물리력 이하의 수단으로 제압이 어렵고, 경찰관이나 대상자의 부상 등의 방지를 위해 필요하다고 판단되는 경우 분사기를 사용할 수 있다.

나. 경찰관은 범인의 도주방지를 위해 분사기를 사용할 수 있다.

다. 경찰관은 정당방위나 긴급피난의 요건이 충족되지 않는 한, 다음 어느 하나에 해당하는 상황에서는 분사기를 사용하여서는 아니 된다.

1) 밀폐된 공간에서의 사용(다만, 경찰 순찰차의 운행을 방해하는 대상자를 제압하기 위해 다른 물리력 사용이 불가능한 경우는 제외한다)
2) 대상자가 수갑 또는 포승으로 결박되어 있는 경우(다만, 대상자의 행위로 인해 경찰관 또는 제3자에 대한 신체적 위해 발생 가능성 있는 경우는 제외한다)
3) 대상자의 '소극적 저항' 상태가 장시간 지속될 뿐 이를 즉시 중단시켜야 할 정도로 급박하거나 위험하지 않은 상황
4) 경찰관이 대상자가 14세미만이거나 임산부 또는 호흡기 질환을 가지고 있음을 인지한 경우(다만, 대상자의 저항 정도가 고위험 물리력을 사용할 수밖에 없는 상황은 제외한다)

라. 경찰관이 사람을 향하여 분사기를 발사하는 경우에는 사전 구두 경고를 하여야 한다. 다만, 현장상황이 급박한 경우에는 생략할 수 있다.

3.8. 전자충격기 사용

3.8.1. 전자충격기의 정의

전자충격기란 사람의 신체에 전류를 방류하여 대상자 근육의 일시적 마비를 일으킴으로써 대상자의 활동을 일시적으로 곤란하게 할 수 있는 기기로서 경찰청이 지급 또는 인정한 장비를 말한다. 그 사용 방법은 다음을 포함한다.

가. 대상자 신체에 대해 직접 접촉하여 사용하는 스턴 방식

나. 대상자 신체에 대해 직접 발사하여 사용하는 전극침 발사 방식

3.8.2. 전자충격기 사용 한계

가. 경찰관은 '폭력적 공격' 이상인 상태의 대상자에 대해 전자충격기를 사용할 수 있다.

나. 경찰관은 현행범 또는 사형·무기 또는 장기 3년 이상의 징역이나 금고에 해당하는 죄를 범한 대상자가 도주하는 경우 체포를 위해서 전자충격기를 사용할 수 있다.

다. 경찰관은 정당방위나 긴급피난의 요건이 충족되지 않는 한, 다음 어느 하나에 해당하는 상황에서는 전자충격기를 사용하여서는 아니 된다.

1) 대상자 주변에 가연성 액체(휘발유, 신나 등)나 가스누출, 유증기가 있어 전기불꽃으로 인한 화재·폭발의 위험성이 있는 상황

2) 대상자가 계단, 난간 등 높은 곳에 위치하거나 차량·기계류를 운전하고 있는 상황

3) 대상자가 하천, 욕조 등의 부근에 있거나, 폭우 등으로 주변이 모두 물에 젖은 상황

4) 대상자가 14세 미만 또는 임산부인 경우

5) 대상자가 수갑 또는 포승으로 결박되어 있는 경우(다만, '폭력적 공격' 이상인 상태의 대상자로 인해 경찰관 또는 제3자에 대한 신체적 위해 발생 가능성 있는 경우는 제외한다)

6) 대상자의 '저항' 상태가 장시간 지속될 뿐 이를 즉시 중단시켜야 할 정도로 급박하거나 위험하지 않은 상황

7) 경찰관이 대상자가 갖고 있는 신체적·정신적 장애로 인하여 전자충격기 사용 시 상당한 수준의 2차적 부상 또는 후유증이 발생할 가능성을 인지한 경우(다만, 대상자의 저항 정도가 '고위험 물리력'을 사용할 수밖에 없는 상황은 제외한다)
8) 대상자가 증거나 물건을 자신의 입 안으로 넣어 삼켰거나 삼키려 하여 질식할 수 있는 상황

3.8.3. 전자충격기 사용 시 유의사항

가. 경찰관은 근무 시작 전 전자충격기의 배터리 충전 여부와 전기 불꽃 작동 상태를 반드시 확인하여야 한다.
나. 경찰관은 공무수행에 필요하다고 믿을 만한 상황이 아닌 경우에는 전자충격기를 뽑아 들거나 다른 사람을 향하도록 하여서는 아니 되며, 반드시 전자충격기 집에 휴대하여야 한다.
다. 경찰관은 전자충격기 사용 필요성이 인정되고 시간적 여유가 있는 경우에는 신속히 이 사실을 직근상급 감독자에게 보고하고, 동료 경찰관에게 전파하여야 한다. 이를 인지한 직근상급 감독자는 필요한 지휘를 하여야 한다.
라. 경찰관이 대상자에게 전자충격기 전극침을 발사하는 경우에는 사전 구두 경고를 하여야 한다. 다만, 현장상황이 급박한 경우에는 생략할 수 있다.
마. 경찰관이 사람을 향해 전자충격기를 사용하는 경우에는 적정사거리(3~4.5m)에서 후면부(후두부 제외)나 전면부의 흉골 이하(안면, 심장, 급소 부위 제외)를 조준하여야 한다. 다만, 대상자가 두껍거나 헐렁한 상의를 착용하여 전극침의 효과가 없다고 판단되는 경우 대상자의 하체를 조준하여야 한다.
바. 경찰관은 전자충격기 전극침 불발, 명중 실패, 효과 미발생 시 예상되는 대상자의 추가적인 공격에 대한 적절한 대비책(스턴 방식 사용, 경찰봉 사용 준비, 동료 경찰관의 물리력 사용 태세 완비, 경력 지원 요청 등)을 미리 준비하여야 한다.
사. 전자충격기 전극침이 대상자에 명중한 경우에는 필요 이상의 전류가 흐르지 않도록 즉시 방아쇠로부터 손가락을 떼야하며, 1 사용주기(방아쇠를 1회 당겼을 때 전자파장이 지속되는 시간)가 경과한 후 대상자의 상태, 저항 정도를 확인하

여 추가적인 전자충격을 줄 필요가 있다고 판단되는 경우 다시 방아쇠를 당겨 사용할 수 있다.

아. 한 명의 대상자에게 동시에 두 대 이상의 전자충격기 전극침을 발사하거나 스턴 기능을 사용해서는 아니 된다.

자. 수갑을 사용 하는 경우, 먼저 전자충격기를 전자충격기집에 원위치 시킨 이후 양손으로 시도하여야 한다. 전자충격기를 파지한 상태에서 다른 한 손으로 수갑을 사용할 수밖에 없는 불가피한 상황에서는 안전사고 및 전자충격기 피탈방지에 각별히 유의하여야 한다.

3.9. 권총 사용

3.9.1. 권총의 정의

권총은 한 손으로 다룰 수 있는 짧고 작은 총으로서 경찰청이 지급 또는 인정한 무기를 말한다.

3.9.2. 권총 사용 한계

가. 경찰관은 대상자가 경찰관이나 제3자의 생명·신체에 대한 급박하고 중대한 위해를 야기하거나, 위해 발생이 임박한 경우 권총 이외의 수단으로서는 이를 제지할 수 없는 상황에 한하여 대상자에게 권총을 사용할 수 있다.

나. 경찰관은 사형 · 무기 또는 장기 3년 이상의 징역이나 금고에 해당하는 죄를 저질렀거나 저지르고 있다고 믿을 만한 상당한 이유가 있는 대상자가 도주하면서 경찰관 또는 제3자의 생명·신체에 대한 급박하고 중대한 위해를 야기하거나, 그 위해 발생이 임박한 경우 권총 이외의 수단으로서는 이를 제지할 수 없는 상황에 한하여 체포를 위해 대상자에게 권총을 사용할 수 있다.

다. 경찰관은 대상자가 경찰관 자신이나 제3자의 생명·신체에 대한 중대하고 급박한 위해를 야기하지 않고 단순히 도주하는 경우에는 오로지 체포나 도주방지 목적으로 권총을 사용하여서는 아니 된다.

라. 경찰관은 오로지 대상자 본인의 생명·신체에 대해서만 급박하고 중대한 위해를

야기하는 경우에는 이를 제지할 목적으로 권총을 사용하여서는 아니 된다.

마. 경찰관은 오로지 재산만을 보호할 목적으로 권총을 사용하여서는 아니 된다.

바. 경찰관은 다음 어느 하나에 해당하는 상황에서는 권총을 사용하여서는 아니 된다.

1) 대상자에게 단순히 경고를 하거나 겁을 줄 목적 또는 주의를 환기시킬 목적으로 실탄 또는 공포탄을 발사하는 행위

2) 대상자 이외의 제3자의 생명·신체에 대한 위해가 예상되는 경우(다만, 권총을 사용하지 아니하고는 타인 또는 경찰관의 생명에 대한 중대한 위험을 방지할 수 없다고 인정되는 등 긴급피난의 요건을 충족하는 경우 필요최소한의 범위 내에서 사용할 수 있다)

3) 경찰관이 움직이는 차량에 탑승한 상태에서 권총 실탄을 발사하는 행위(다만, 대상자가 경찰관 또는 제3자를 향해 차량으로 돌진하는 경우와 같이 형법상 정당방위 또는 긴급피난의 요건을 충족하는 경우는 제외한다)

4) 경찰관이 움직이는 차량을 정지시키기 위해 권총 실탄을 발사하는 행위(다만, 대상자가 경찰관 또는 제3자를 향해 차량으로 돌진하는 경우와 같이 형법상 정당방위 또는 긴급피난의 요건을 충족하는 경우는 제외한다)

5) 14세 미만의 자 또는 임산부에 대한 권총 사용(다만, 대상자가 총기 또는 폭발물을 가지고 대항하여 권총을 사용하지 아니하고는 타인 또는 경찰관의 생명·신체에 대한 중대한 위험을 방지할 수 없다고 인정되는 경우는 제외한다)

3.9.3. 권총 사용 시 유의사항

가. 경찰관은 공무수행 중 필요하다고 믿을 만한 경우가 아닌 경우에는 권총을 뽑아 들거나 다른 사람을 향하도록 하여서는 안 되며, 반드시 권총을 권총집에 휴대하여야 한다.

나. 권총 장전 시 반드시 안전고무(안전장치)를 장착한다.

다. 경찰관은 권총 사용의 필요성이 인정되고 시간적 여유가 있는 경우에는 신속히 이 사실을 직근상급 감독자에게 보고하고, 동료 경찰관에게 전파하여야 한다. 이를 인지한 직근상급 감독자는 신속히 현장으로 진출하여 지휘하여야 한다.

라. 경찰관이 권총을 뽑아드는 경우, 격발 순간을 제외하고는 항상 검지를 방아쇠울에서 빼 곧게 뻗어 실린더 밑 총신에 일자로 대는 ‘검지 뻗기’ 상태를 유지하여 의도하지 않은 격발을 방지하여야 한다.

마. 경찰관이 권총집에서 권총을 뽑은 상태에서 사격을 하지 않는 경우, 총구는 항상 지면 또는 공중을 향하게 하여야 한다.

바. 경찰관은 사람을 향하여 권총을 발사하고자 하는 때에는 사전 구두 경고를 하거나 공포탄으로 경고하여야 한다. 다만, 현장상황이 급박하여 대상자에게 경고할 시간적 여유가 없는 경우나 인질·간첩 또는 테러사건에 있어서 은밀히 작전을 수행하는 경우 등 부득이한 때에는 생략할 수 있다.

사. 경찰관이 공포탄 또는 실탄으로 경고 사격을 하는 때는 경찰관의 발 앞쪽 70도에서 90도 사이 각도의 지면 또는 장애물이 없는 허공을 향하여야 한다.

아. 경찰관은 사람을 향해 권총을 조준하는 경우에는 가급적 대퇴부 이하 등 상해 최소 부위를 향한다.

자. 경찰관이 리볼버 권총을 사용하는 경우 안전을 위해 가급적 복동식 격발 방법을 사용하여야 하며, 단동식 격발 방법을 사용하는 경우 격발에 근접한 때가 아닌 한 권총의 공이치기를 미리 젖혀놓지 않도록 하여야 한다.

차. 수갑을 사용하는 경우, 먼저 권총을 권총집에 원위치 시킨 이후 양손으로 시도하여야 한다. 권총을 파지한 상태에서 다른 한 손으로 수갑을 사용할 수밖에 없는 불가피한 상황에서는 오발 사고 및 권총 피탈 방지에 각별히 유의하여야 한다.

제4장. 경찰 물리력 사용 후 조치사항

4.1. 부상자 확인 및 조치

4.1.1. 경찰관이 대상자에게 신체접촉을 동반하는 물리력을 사용한 경우에는 반드시 대상자의 부상 여부를 즉시 확인하고, 부상 발생 시에는 지체 없이 의료진 호출, 응급조치 실시, 대상자 병원 후송, 직근상급 감독자 보고 등의 긴급조치를 취하여야 한다.

4.1.2. 이 사실을 보고받은 직근상급 감독자는 즉시 현장으로 진출하여 물리력 사용 및 부상 경위 파악, 현장 보존, 목격자 확보 등 필요한 후속조치를 취하여야 한다.

4.1.3. 대상자 병원 후송 시에는 지체 없이 대상자의 보호자 등에 해당 사실을 통지하여야 한다.

4.2. 사용보고

4.2.1. 경찰관이 권총, 전자충격기(스턴 방식 사용 포함), 분사기, '중위험 물리력' 이상의 경찰봉·방패, 기타 사람에게 위해를 끼칠 수 있는 장비를 사용한 경우 신속히 별지 서식의 사용보고서를 작성하여 소속기관의 장에게 보고하여야 한다.

4.2.2. 수갑을 사용한 때에는 일시·장소·사용경위·사용방식·사용시간 등을 근무일지 또는 수사보고서에 기재하여야 한다.

4.2.3. 수갑 또는 신체적 물리력을 사용하여 대상자에게 부상이 발생한 경우 별지 서식의 사용보고서를 작성하여 보고하여야 한다.

4.2.4. 경찰관이 권총을 사용한 경우 또는 권총 이외의 물리력 수단을 사용하여 대상자에게 사망 또는 심각한 부상이 발생한 경우 소속기관의 장은 그 내용을 상급 경찰기관의 장을 경유하여 경찰청장에게 보고하여야 한다.

4.3. 고위험 물리력 사용자에 대한 조치

4.3.1. 소속 경찰관이 권총을 비롯한 '고위험 물리력'을 사용한 경우 경찰기관의 장은 해당 경찰관이 명백히 중대한 과실 또는 고의로 권총을 사용하지 않은 이상 육체적, 심리적 안정을 되찾고 향후 관련 조사에 성실히 임하게 할 필요가 있다고 인정되는 때에는 적절한 조치(조사를 위한 공가 허가, 근무 중

휴게 부여, 근무지정 해제, 의료기관·상담기관 연계 등)를 취하여야 한다.

4.3.2. '고위험 물리력'을 사용한 경찰관의 육체적, 심리적 안정을 위한 조치를 취하는 경우에는 직근상급 감독자가 물리력 사용 경찰관을 대리하여 사용보고서를 작성, 보고하여야 한다.

부칙 〈제550호, 2019. 7. 18.〉
이 규칙은 2019.11.24.부터 시행한다.

저자약력

저자 김한진

용인대학교 대학원 경호학 박사

용인동부경찰서 호신·체포술 교관

용인대 미래인재교육원 겸임교수

대전과학기술대학교 경찰경호학과 겸임교수

대한킥복싱협회 국제심판자격

대한격투기 6단

대한킥복싱 5단

대한무에타이 4단

KBJJF 주짓수 브라운벨트

타이혼스포츠아카데미 [망포점/향남점] 격투기GYM 대표

저자 강경수

용인대학교 대학원 경호학박사

용인대학교 미래인재교육원 주임교수

평창동계올림픽 경비업체 선정 평가위원

인다움코리아 대표(경호경비컨설팅전문)

태권도 공인5단

생활체육지도자(태권도)2급

태권도 심판자격(3급)

용무도 공인 5단

합기도 공인 5단

합기도 사범자격

저자 최종균

선문대학교 무도경호학과 교수

용인대학교 격기학과 (현 동양무예학과)

일본체육대학 체육학 석사

용인대학교 대학원 체육학 박사

세계 태기무예협회 회장

북경체육대학 무도학 고급 연구원